Karlchen Krabbelfix und seine Käferschule

Übungen für die Grundschule

Alles für die 4. Klasse

Rechnen • Schreiben • Sachkunde

Text und Konzeption: Ulrike Pohlmann
Illustration: Axel Dissmann

Liebe Kinder und Eltern,

wart ihr schon einmal dort, in Karlchen Krabbelfix' Käferschule in der Sonnenblumenallee 23? Dort hinten auf der letzten großen gelben Sonnenblume treffen sich jeden Morgen die Kinder in der Käferschule. Sie gehen mit ihrem Lehrer Karlchen Krabbelfix auf Entdeckungsreise.

Dabei erleben sie viele aufregende Abenteuer. Auf dem Kartoffelfeld entdecken sie viel Interessantes rund um die tolle Knolle. Ein Besuch bei Eichhörnchen Lotta und eine Waldwanderung stehen auf dem Stundenplan. Danach trainiert Karlchen mit seinen Schülern für die Radfahrprüfung, denn Sicherheit im Verkehr ist für alle wichtig. Eine Kokosnuss wird untersucht und die Schüler beobachten zwei Frösche, die Huckepack durch die Gegend hüpfen. Vom Burgfest bei Karlchen dem I. geht es gleich weiter an die Nordsee zu Muscheln, Krabben und Seehunden.

In diesem Übungsheft für die Grundschule wird der Unterrichtsstoff der 4. Klasse fächerübergreifend bearbeitet. Das heißt, die Inhalte der Fächer Deutsch und Mathematik werden innerhalb eines sachkundlichen Oberthemas behandelt.

So kann Ihr Kind auf kindgemäße und spielerische Art und Weise den Unterrichtsstoff wiederholen und vertiefen. Darüber hinaus setzt es sich selbständig mit neuen Sachverhalten auseinander und bearbeitet so die Rechtschreib- und Grammatikübungen sowie Rechenaufgaben mit größerer Motivation.

Viel Spaß wünschen euch
Ulrike Pohlmann und
Axel Dissmann

ISBN 3-8212-2088-0

Am Hehsel 40, 22339 Hamburg
Text und Konzeption: Ulrike Pohlmann
Illustration: Axel Dissmann
Lektorat: Gudrun Hermenau
Satz: waterkant, Hamburg
Printed in Italy

Inhaltsverzeichnis

Kapitel 1: Die Kartoffel .... Seite 4

Kapitel 2: Das Eichhörnchen 12

Kapitel 3: Der Wald 20

Kapitel 4: Fahrrad fahren 30

Kapitel 5: Die Kokosnuss 40

Kapitel 6: Der Frosch 50

Kapitel 7: Die Ritter 60

Kapitel 8: An der Nordsee 70

Die Kartoffel

Lies dir den Text genau durch. Findest du die Fehler?
Schreibe den Text richtig auf.

das kartoffelfest
karlchen hat alle seine schüler zu einem lustigen kartoffelfest eingeladen. alles dreht sich um die braune knolle. dort drüben steht ein ausstellungstisch mit viel wissenswertem über die kartoffel. die schüler haben bilder gemalt, geschichten geschrieben und ein großes plakat mit der kartoffelpflanze und ihren pflanzen-teilen angefertigt. außerdem wird ein theaterstück über die reise der kartoffel von südamerika nach europa aufgeführt. viele schüler beteiligen sich beim kartoffelschälwettbewerb. und unter dem großen sonnenschirm steht karlchen und kocht für alle gäste bauernfrühstück.

Adjektive

Nimm eine Kartoffel in die Hand und schau sie dir genau an.
Welche Adjektive passen zu deiner Kartoffel?
Male die passenden Adjektive grün an.

Suche dir vier Adjektive aus und trage sie in den verschiedenen Formen in die Tabelle ein.

Grundform	1. Vergleichsstufe	2. Vergleichsstufe
hart	härter	am härtesten

Bilde zusammengesetzte Nomen mit dem Wort Kartoffel.

-Kiste ______

-Pflanze ______

-Feld ______

-Brei ______

-Suppe ______

Die Kartoffelpflanze

Karlchen hat im Schulgarten viele verschiedene Pflanzen.
Im Frühling hat er Kartoffelknollen in die Erde gepflanzt.
Nun kann er mit seinen Schülern die Entwicklung der Kartoffelpflanze beobachten und im Herbst Kartoffeln ernten.
Achtung: Die roten Beeren an der Kartoffelpflanze sind giftig.

Schau dir die Kartoffelpflanze genau an und benenne ihre Pflanzenteile.
Trage die Lösungen in das Kreuzworträtsel ein.

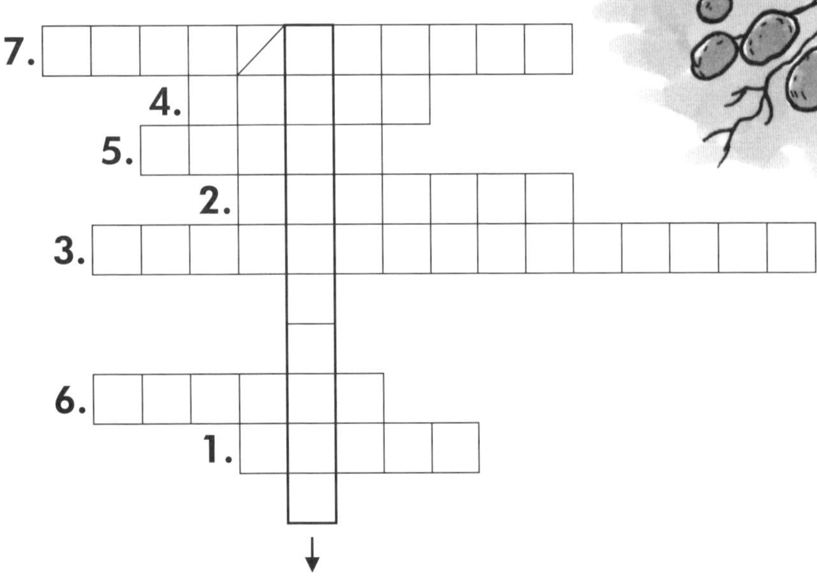

Karlchen erntet ______________________________.

Lösung: ETÜLB - TTALB - ELLONK ETLA - LEGNÄTS - EREEB - LEZRUW - ELLONKLEFFOTRAK

Kartoffelgerichte

Schau dir die große Kartoffelkiste an. 12 Kartoffelgerichte sind darin versteckt. Du musst schon sehr genau gucken. Waagerecht, senkrecht, vorwärts und rückwärts, alles ist erlaubt. Kreise die Kartoffel-Wörter ein.

B	R	A	T	K	A	R	T	O	F	F	E	L	N
A	E	R	S	I	M	Ö	L	D	R	D	U	S	W
U	I	I	O	R	U	S	E	P	E	I	A	P	F
E	B	E	P	L	I	T	Y	E	F	E	P	R	Q
R	E	F	F	F	R	I	E	L	F	R	O	Z	N
N	K	M	I	S	X	J	Z	L	U	B	M	D	D
F	U	A	G	R	E	W	D	K	P	L	M	S	E
R	C	H	I	P	S	K	R	A	L	E	E	M	S
Ü	H	K	P	E	W	R	R	R	E	F	S	T	S
H	E	E	G	M	A	O	N	T	F	F	-	O	Ö
S	N	K	F	R	A	K	W	O	F	O	F	B	L
T	A	L	A	S	L	E	F	F	O	T	R	A	K
Ü	Q	P	O	L	E	T	A	F	T	R	I	F	W
C	G	W	R	S	O	T	O	E	R	A	T	E	O
K	T	Z	T	E	V	E	D	L	A	K	E	O	E
G	H	P	X	A	L	N	N	N	K	M	S	E	Y

Schreibe die Namen der Kartoffelgerichte auf.

Addition und Subtraktion

Rechne schriftlich! Beachte die Überträge.

	H	Z	E
	6	6	7
+	1	2	4
+	2	0_1	3
			4

	H	Z	E
	9	8	3
-	4_1	9	2
		9	1

	H	Z	E
	3	2	5
+	2	1	7

	H	Z	E
	5	6	8
+	1	2	3

	H	Z	E
	6	4	2
-	4	5	5

	H	Z	E
	8	7	2
-	5	0	7

	2	3	7
+	5	8	1

	6	3	1
+	2	4	9

	8	5	3
-	4	6	2

	7	8	6
-	6	9	7

	5	3	8
+	1	8	0
+	2	0	3

	3	4	9
+	2	7	2
+	1	0	7

	7	6	9	
-	3	4	2	(5)
-	2	3	3	
			4	

	1	0	0	0
-		7	6	3
-		2	3	7

Textaufgaben!

Die Käferschule lädt am Wochenende zum Kartoffelfest ein. Am Samstag kommen 372 Besucher, am Sonntag sind es 429 Besucher.

Frage: ______________________

____

Rechnung:

Antwort: ______________________

____

Karlchen verkauft Kartoffeln aus seinem Garten. Am Dienstag hat er 1000 Kartoffeln geerntet. Er verkauft 432 an Oskar und 181 an Anton.

Frage: ______________________

____

Rechnung:

Antwort: ______________________

____

Multiplizieren und dividieren

Multipliziere!

3 • 7 = ☐ 7 • 6 = ☐ 8 • 60 = ☐
3 • 70 = ☐ 7 • 60 = ☐ 7 • 90 = ☐
4 • 9 = ☐ 8 • 9 = ☐ 6 • 60 = ☐
4 • 90 = ☐ 8 • 90 = ☐ 5 • 70 = ☐

Karlchen sammelt dienstags nur die Kartoffeln der 80iger-Reihe auf. Male sie an.

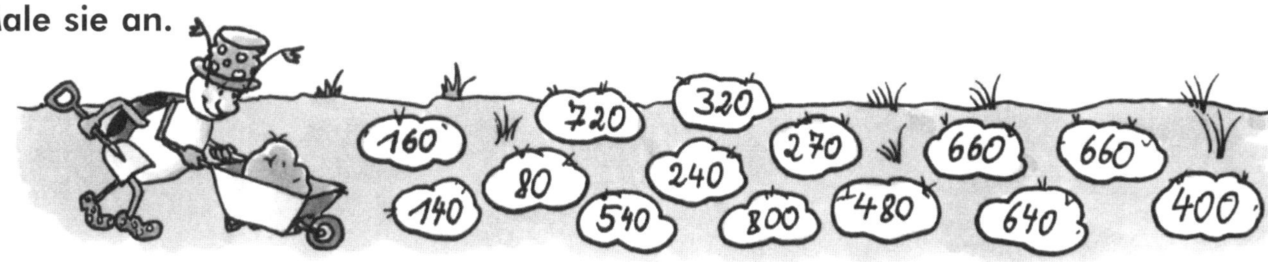

•40		•70		•80		•90		•60		•50	
3		2		6		3		4		3	
7		4		3		6		6		5	
5		8		8		7		7		9	

Dividiere!

320 —: 80→ ☐; 320 —:10→ 32 —:8→ ☐

270 —: 30→ ☐; 270 —:☐→ ☐ —:☐→ ☐

480 —: 60→ ☐; 480 —:☐→ ☐ —:☐→ ☐

Rechne aus und bilde Tauschaufgaben.

240 : 60 = ☐ 720 : 80 = ☐ 630 : 90 = ☐
240 : ☐ = ☐ 720 : ☐ = ☐ 630 : ☐ = ☐
240 : 30 = ☐ 560 : 70 = ☐ 400 : 50 = ☐
240 : ☐ = ☐ 560 : ☐ = ☐ 400 : ☐ = ☐
360 : 40 = ☐ 420 : 60 = ☐ 210 : 70 = ☐
360 : ☐ = ☐ 420 : ☐ = ☐ 210 : ☐ = ☐

Kartoffelschalen-Labyrinth

Beim Kartoffelfest in der Käferschule gibt es einen Kartoffelschälwettbewerb. Immer vier Teilnehmer treten gegeneinander an.
Wer schält die längste Kartoffelschale?
Male den Gewinner farbig an.

Bauernfrühstück machen

Am Sonntagmorgen gibt es bei Karlchen häufig Bauernfrühstück.
Das macht fit für lustige und aufregende Unternehmungen.
Probiere es doch auch mal, deine Mutter hilft dir bestimmt dabei.

Zutaten für 1 Person:

250 g Kartoffeln
1 kleine Zwiebel
70 g gewürfelter Schinken
2 Eier
etwas Schnittlauch
Salz
Pfeffer
Öl

Zuerst musst du die Kartoffeln schälen und in Scheiben schneiden.
Dann werden sie in einem Topf mit einem halben Liter Wasser gekocht.

Du musst die Zwiebel pellen und klein schneiden.
Dann brauchst du eine Bratpfanne.
Erhitze das Öl in der Pfanne.
Brate die Zwiebeln mit dem gewürfelten Schinken an.

Nach 10 Minuten sind die Kartoffeln fertig.
Gieße die Kartoffeln vorsichtig in ein Sieb.
Achtung: Wasserdampf ist sehr heiß, und der Topf auch.

Gib die Kartoffeln zu der Zwiebel und dem Schinken in die Bratpfanne. Würze alles mit Pfeffer und Salz.
Die Kartoffeln müssen so lange braten, bis sie schön knusprig sind.

Nimm eine Schale und schlage die Eier auf.
Verrühre die Eier mit Salz, Pfeffer und Schnittlauch.

Gib die Rühreier in die Pfanne zu den Kartoffeln und lass sie stocken. Nach 3 - 4 Minuten ist das Bauernfrühstück fertig.
Guten Appetit!

Das Eichhörnchen

Das Eichhörnchen Lotta gehört zu Karlchens Freunden.
Es ist lustig anzuschauen, wie Lotta von Ast zu Ast und von Baum zu Baum flitzt.
Auch gewagte Sprünge bereiten ihr keine Probleme.

Lies dir die Schlangensätze durch und schreibe die Sätze richtig auf.

1. DASEICHHÖRNCHENISTEINFLINKESTIER, DASAUFBÄUMENLEBT.

2. ESHATEINROTBRAUNESFELLUNDEINENBUSCHIGENSCHWANZ.

3. BEIMSPRINGENSTEUERTDASEICHHÖRNCHENMITDEMSCHWANZ.

4. DASEICHHÖRNCHENISTLEICHT, DESHALBKANNESAUFDÜNNEÄSTEKLETTERN.

5. SEINEFEINDESINDALLESCHWERERUNDKÖNNENESSONICHTVERFOLGEN.

Satzgegenstand/Subjekt

Den Satzgegenstand (Subjekt) kannst du erkennen, indem du die „Wer-oder-Was-Frage" stellst. Die jeweilige Antwort ist der Satzgegenstand.

z.B.: Karlchen fliegt in den Wald.
Frage: Wer oder was fliegt in den Wald?
Antwort: Karlchen (Satzgegenstand/Subjekt)

Der Satzgegenstand (Subjekt) kann aus einem einzelnen Wort (z.B. Karlchen) oder einer Gruppe von Wörtern bestehen.

z.B.: Karlchen und Lotta spielen Fußball.
Frage: Wer oder was spielt Fußball?
Antwort: Karlchen und Lotta (Satzgegenstand/Subjekt)

Bilde zu jedem Satz die richtige „Wer-oder-Was-Frage" und unterstreiche den Satzgegenstand (Subjekt) in den folgenden Sätzen grün.
Schreibe die Fragen auf.

1. Karlchen besucht Lotta in ihrem Nest hoch oben in den Bäumen.

2. Lotta lädt Karlchen sofort zu einem Glas Blütennektar ein.

3. Lottas Nest ist so groß wie ein Fußball und heißt Kobel.

4. Sie schaukeln gemeinsam auf Lottas großer Baumschaukel.

5. Karlchen, Lotta und einige andere Tiere treffen sich zum Baden am See.

Körperteile

Schau dir das Bild genau an. Ordne die Begriffe richtig zu.
Male das Bild farbig an.
behaarter Schwanz - Hinterpfote - Krallen - Maul - Auge - Ohren - Vorderpfote - Nagezähne - Kobel

Lückentext

Lies den Text und setze die passenden Wörter in die Lücken ein.

Haaren - Nesthocker - nackt - Reservekobel - Nüsse - Vogeleier - Löchern - Kobel - Kobel - Vorratsverstecke - Zapfen - blind - Gras - Baumkrone - Laub - klettern - Eckern - Pflanzenfresser - Vorräte - Winterschlaf - Eicheln - Moos

Das Nest des Eichhörnchens heißt ________________.

Der Kobel wird meistens in die ________________________ gebaut.

Innen ist der Kobel mit _____________, _____________, ________________ und __________ ausgepolstert. Jedes Eichhörnchen wohnt in einem eigenen Kobel. Die jungen Eichhörnchen sind ___________________________.

Sie sind zunächst ____________ und __________________ und auf die Versorgung der Mutter angewiesen. Wenn die kleinen Eichhörnchen anfangen zu ________________ und rumzutoben, zieht die Mutter alleine in einen ihrer _______________________________. Das Eichhörnchen findet im Wald reichlich Nahrung. Es frisst am liebsten _____________, _____________, ________________ und _________________. Nur in Notsituationen frisst es auch _________________________. Das Eichhörnchen ist also eigentlich ein ____________________________________. Im Herbst versteckt es seine ___________________ häufig unter Baumstümpfen, in Baumspalten oder in _____________________, die es in den Boden gräbt. Nicht alle Vorräte findet es im Winter wieder. Das Eichhörnchen hält im Winter keinen __________________.

Es ruht immer nur einige Tage in seinem _____________, wo es vor Kälte geschützt ist. Hat es Hunger, sucht es seine ____________________________ auf.

Halbschriftliches Multiplizieren

Zerlege die 13 in Zehner und Einer.
Multipliziere die Zehner und anschließend die Einer.
Addiere die beiden Ergebnisse.
So erhältst du das Gesamtergebnis.

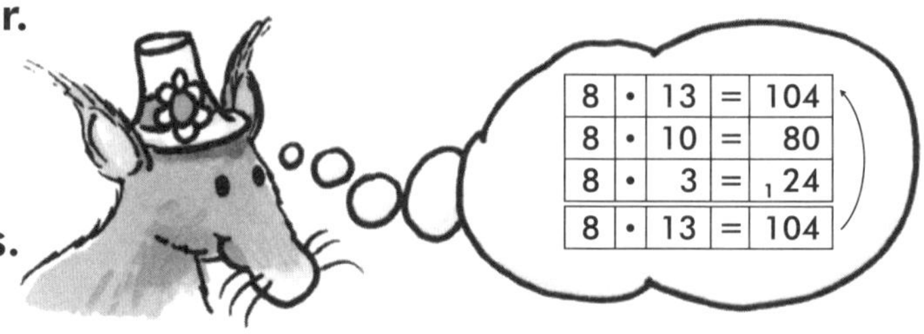

8	•	13	=	104
8	•	10	=	80
8	•	3	=	₁24
8	•	13	=	104

Rechne die folgenden Aufgaben nach dem halbschriftlichen Rechenverfahren.

7	•	18	=	
7	•		=	
	•		=	
7	•	18	=	

8	•	14	=	
	•		=	
	•		=	
8	•	14	=	

9	•	17	=	
	•		=	
	•		=	
9	•	17	=	

8	•	34	=	
8	•	30	=	
8	•		=	
8	•	34	=	

4	•	57	=	
	•		=	
	•		=	
4	•	57	=	

7	•	69	=	
	•		=	
	•		=	
	•		=	

Textaufgaben:

Lotta hat 4 Vorratsverstecke.
In jedem Vorratsversteck liegen 18 Nüsse.

Frage:____________________________

____

Rechnung:

	•		=	
	•		=	
	•		=	
	•		=	

Antwort:____________________________

____

Karlchens neuer Rechen-Übungsplan besteht aus 26 Arbeitsblättern.
Er kopiert den Übungsplan für 6 Schüler.

Frage:____________________________

____

Rechnung:

	•		=	
	•		=	
	•		=	
	•		=	

Antwort:____________________________

____

Halbschriftliches Dividieren

Lotta hat insgesamt 72 Nüsse für ihre Kinder versteckt.
Ihre 4 Kinder sollen sich die Nüsse teilen.

72	:	4	=	18
40	:	4	=	10
32	:	4	=	8
72	:	4	=	18

Rechne.

68	:	4	=	
40	:	4	=	
28	:		=	
68	:	4	=	

42	:	3	=	
	:	3	=	
12	:	3	=	
42	:	3	=	

90	:	5	=	
50	:		=	
	:		=	
90	:	5	=	

185	:	5	=	
150	:	5	=	30
35	:	5	=	
185	:	5	=	

285	:	3	=	
	:	3	=	
	:	3	=	
285	:	3	=	

282	:	6	=	
	:	6	=	
	:	6	=	
282	:	6	=	

602	:	7	=	
	:	7	=	
	:	7	=	
602	:	7	=	

348	:	4	=	
	:		=	
	:		=	
348	:	4	=	

651	:	7	=	
	:		=	
	:		=	
651	:	7	=	

Kreuzworträtsel

Lies die Aufgaben und trage die Lösungen in das Kreuzworträtsel ein.

1. Das Eichhörnchen polstert seinen Kobel mit eigenen ____________ aus.
2. Das Eichhörnchen hat einen buschigen ______________.
3. Die jungen Eichhörnchen sind _________________.
4. Das Nest des Eichhörnchens heißt ________________.
5. Die Jungen sind zunächst nackt und _____________.
6. Besonders gerne frisst das Eichhörnchen ____________.
7. Es benutzt den Schwanz zum _____________.
8. Aufgrund seiner Nahrung ist das Eichhörnchen überwiegend ein

   ______________.
9. Im Winter hält das Eichhörnchen keinen ____________________.

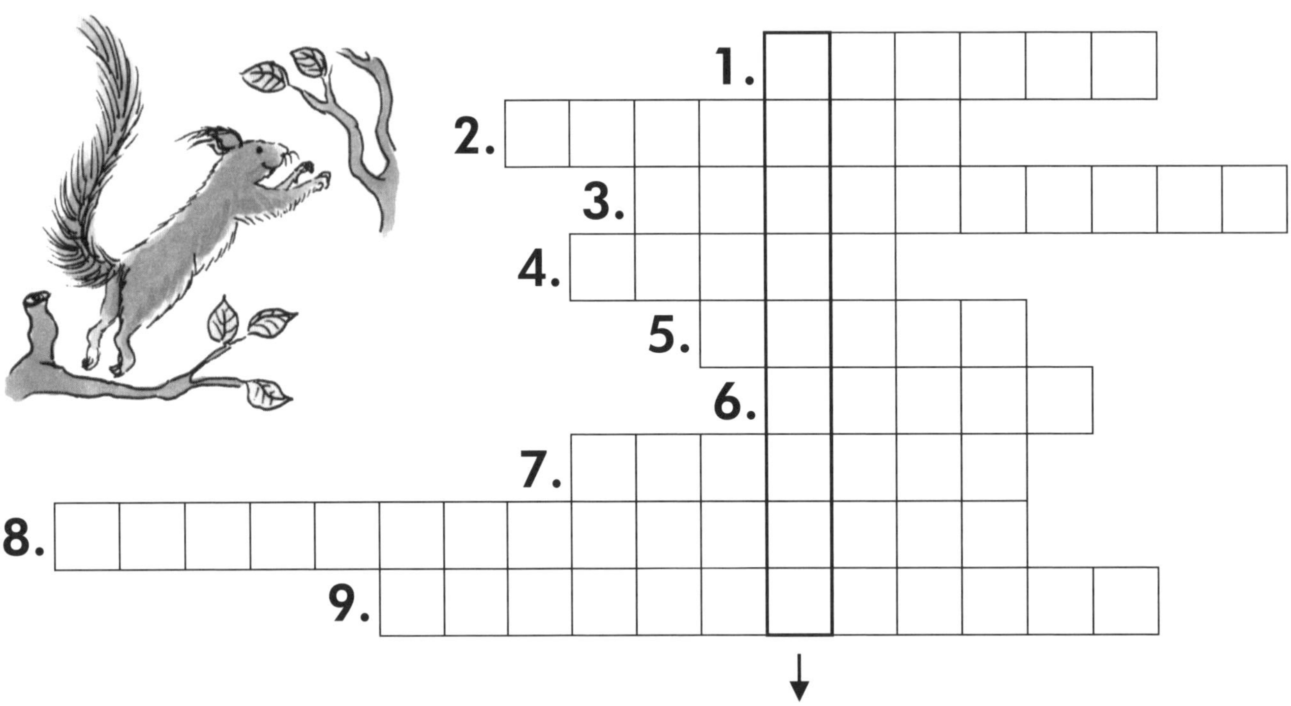

Lösung: Karlchen schenkt Lotta eine ______________________________.

Erlebnisgeschichte

Kannst du Karlchen und Lotta dort oben in der Baumkrone sehen?
Was ist da schon wieder los?

Schau dir das Bild genau an und denk dir eine Geschichte aus. Schreibe die Geschichte auf und wähle schöne und spannende Verben und Adjektive. Auch wörtliche Rede macht deine Geschichte aufregender und interessanter.

Der Wald

Nomen - Verben - Adjektive
Male die Wörter einer Wortart mit der gleichen Farbe an.

Ordne die Wörter in die Tabelle ein.

Nomen	Verben	Adjektive
der		
das		
der		
das		
die		
der		
der		
der		

Prädikat (Satzaussage)

Der Satzgegenstand (Subjekt) und die Satzaussage (Prädikat) sind die wichtigsten Satzteile. Die Satzaussage (Prädikat) kannst du finden, indem du fragst: Was tut der Satzgegenstand?
oder: Was passiert dem Satzgegenstand?

Zusammen bilden sie einen Kurzsatz.

z.B. Karlchen (Satzgegenstand) schaukelt (Satzaussage).

Wer oder was schaukelt?
Karlchen. (Satzgegenstand/Subjekt)
Was tut Karlchen?
Er schaukelt. (Satzaussage/Prädikat)

Unterstreiche in den folgenden Sätzen den Satzgegenstand (Subjekt) grün und die Satzaussage (Prädikat) rot.
Finde den Kurzsatz und schreibe ihn auf.

1. Das Eichhörnchen sammelt Nüsse für den Wintervorrat.

___

2. Der Fuchs jagt das flinke Kaninchen.

___

3. Das scheue Reh frisst Gras.

___

4. Karlchen, Lotta und Oskar schlafen in der Hängematte.

___

5. Die kleine Ameise melkt die grüne Blattlaus.

___

6. Die schnelle Schnecke kriecht zum Badesee.

___

7. Die starke Maus gräbt ein Mauseloch.

___

Pflanzenteile

Hast du ihn entdeckt?
Wen? - Karlchen natürlich, der dort oben im Baum sitzt und seinen Schülern etwas über Bäume und ihren Aufbau erklärt. Es gibt viele Bäume, kleine, große und sehr große. Der Mammutbaum wird beispielsweise 100 Meter hoch.
Aber alle Bäume, egal wie klein oder groß sie sind, haben den gleichen Aufbau.

Benenne die Pflanzenteile des Baumes.
Wurzeln - Stamm - Baumkrone - Blüte - Blatt - Frucht - Zweig - Ast - Rinde

Jahresringe

Hier ist eine Baumscheibe, sie ist aus dem Baumstamm herausgeschnitten. Wenn du genau hinschaust, kannst du viele Ringe erkennen. Diese Ringe sagen dir, wie alt der Baum ist. Der dunkle schmale Ring zeigt, wie viel der Baum im Winter gewachsen ist, und der helle Ring, wie viel er im Sommer gewachsen ist. Also ergeben der dunkle und der helle Ring gemeinsam das Jahreswachstum. Diesen Ring nennt man auch Jahresring. Die Anzahl der Jahresringe verrät dir das Alter des Baumes.

Wie alt ist der Baum, aus dem diese Baumscheibe stammt?

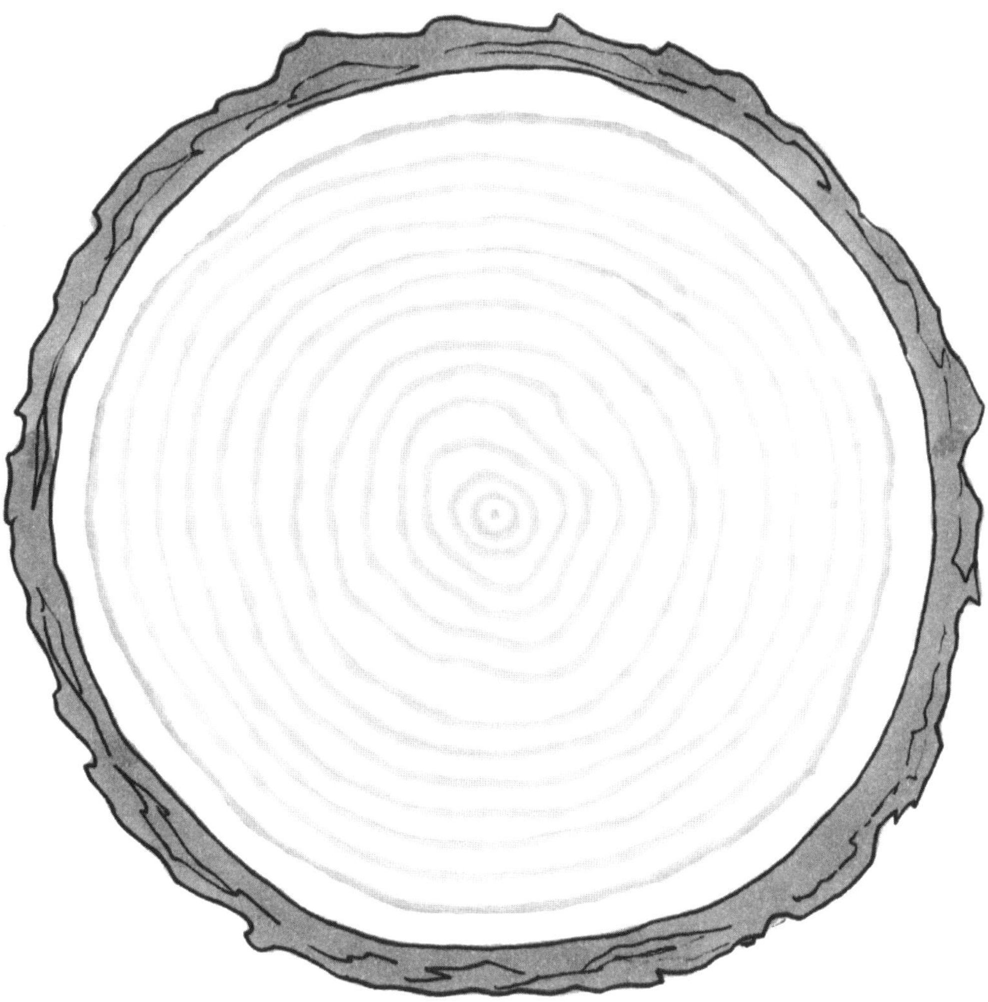

Es sind________ Jahresringe.

Zahlraum bis 10 000

1 Tausender = 1T	1 Hunderter = 1H	1 Zehner = 1Z	1 Einer = 1E

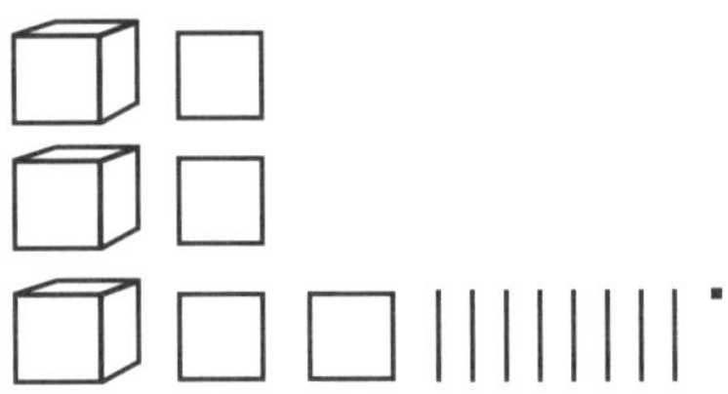

=

T	H	Z	E
3	4	8	1

= 3481

Trage in die Stellenwerttabelle ein.

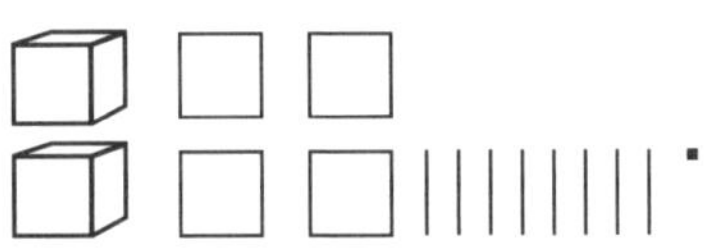

=

T	H	Z	E

= ______

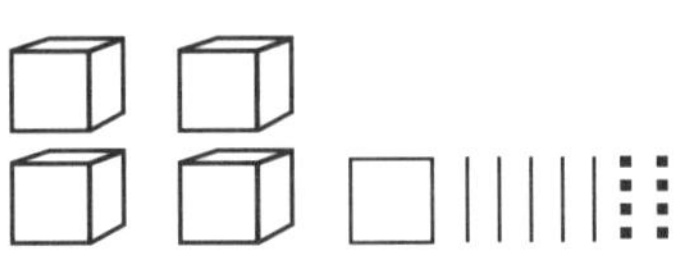

=

T	H	Z	E

= ______

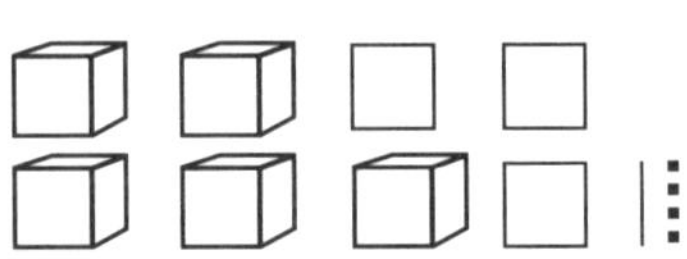

=

T	H	Z	E

= ______

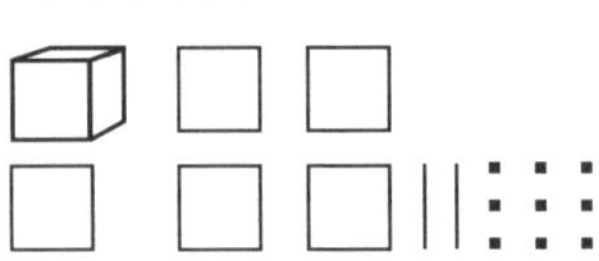

=

T	H	Z	E

= ______

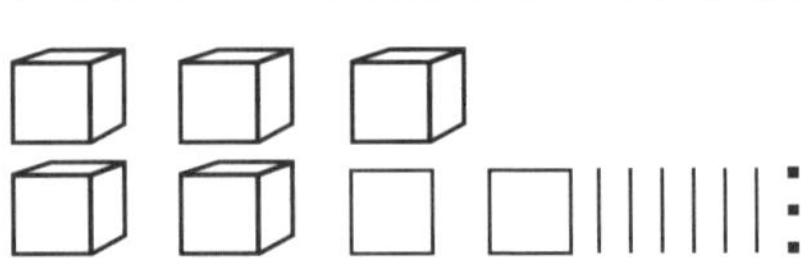

=

T	H	Z	E

= ______

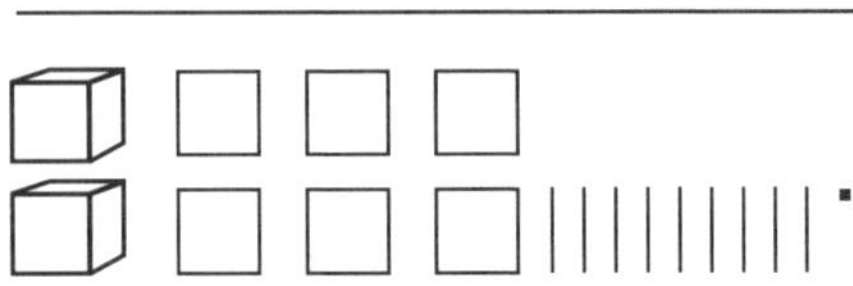

=

T	H	Z	E

= ______

Orientierung im Zahlraum bis 10 000

Lies die Zahlen und schreibe sie ohne Tabelle auf.

T	H	Z	E		
2	3	0	4	=	
4	7	9	2	=	
8	0	2	3	=	
4	5	6	2	=	
7	9	9	9	=	
8	0	0	2	=	

Lies die Zahlen und trage sie in die Tabelle ein.

	T	H	Z	E
4372 =				
1987 =				
4392 =				
7200 =				
5902 =				
8071 =				

Zerlege die folgenden Zahlen.

6432 = 6T + 4H + 3Z + 1E

7986 = __T + __H + __Z + __E

8599 = __T + __H + __Z + __E

3322 = __T + __H + __Z + __E

Setze die Zahlreihen fort.

4200	7900	6500	8000	2800	5200
↓	↓	↓	↓	↓	↓
4300	7700	7000	7700	3200	4900
↓	↓	↓	↓	↓	↓
4400	7500	7500	7400	3600	4500
↓	↓	↓	↓	↓	↓
↓	↓	↓	↓	↓	↓
↓	↓	↓	↓	↓	↓

Orientierung im Zahlraum bis 10 000

Lies das Schlangenwort und schreibe die Zahl auf.

= ☐

= ☐

Größer > oder kleiner <:

3000	☐	6000	4200	☐	2400	3250	☐	2350	8021	☐	8210
2000	☐	1000	7600	☐	6700	4870	☐	7480	7432	☐	4732
7000	☐	9000	8500	☐	5800	9210	☐	9120	5550	☐	5505
8000	☐	6000	2700	☐	7200	4530	☐	3540	6738	☐	7683

Ordne die Zahlen nach der Größe. Beginne mit der kleinsten Zahl.

① 3709 9703 3970 3790 3907 9307

② 2463 3642 4362 4326 2436 6432

③ 3857 3875 8753 5387 5837 7378

④ 1800 5300 2700 8100 7200 3500

⑤ 8420 8540 6220 7970 7810 9550

Orientierung im Zahlraum bis 10 000

Vorgänger und Nachfolger:

Trage den Vorgänger und Nachfolger der jeweiligen Zahl in die Tabelle ein.

Vorgänger	Zahl	Nachfolger
	5227	
	6358	
	9264	
	8792	
	3442	
	2576	
	1635	

V	Z	N
	2106	
	1999	
	4000	
5879		
		7001
	3999	
	9788	

Ergänze bis zum nächsten Tausender.

2980 + ____ = 3000
3920 + ____ = 4000
5940 + ____ = ____
7970 + ____ = ____
1960 + ____ = ____
8915 + ____ = ____
6957 + ____ = ____
4932 + ____ = ____
9968 + ____ = ____
2943 + ____ = ____

Subtrahiere vom Tausender.

7000 - 20 = ____
8000 - 90 = ____
5000 - 10 = ____
3000 - 30 = ____
6000 - 60 = ____
4000 - 81 = ____
2000 - 58 = ____
9000 - 43 = ____
10000 - 76 = ____
1000 - 25 = ____

Nahrungsketten

Im Wald leben viele Tiere, die alle Hunger haben und sich Nahrung suchen.
Einige Tiere ernähren sich nur von Pflanzen, Beeren und Früchten.
Sie heißen Pflanzenfresser. Andere Tiere fressen nur andere kleinere Tiere.
Sie heißen Fleischfresser. Es gibt aber auch Tiere, die je nach Nahrungsangebot und Appetit mal Pflanzen und dann wieder kleine Tiere fressen.
Sie heißen Fleisch- und Pflanzenfresser.

Ordne die folgenden Tiere in die Tabelle ein.

Schmetterling - Raupe - Hase - Fuchs - Ameise - Igel - Eichhörnchen - Regenwurm - Marder - Maus - Wildschwein - Specht - Falke - Eule - Blattlaus - Amsel - Kreuzspinne - Mäusebussard

Pflanzenfresser	Fleisch- und Pflanzenfresser	Fleischfresser

Weißt du, was eine Nahrungskette ist?
Nein? Eine Nahrungskette ergibt sich, weil fast jeder, der etwas frisst, auch wieder gefressen wird.
Schaue auch im Naturkundelexikon nach!

Gras + Blätter---------Raupe---------Ameisen-----------Amsel-------Marder

Überlege dir eine andere Nahrungskette. Du kannst sie auch malen!

Kreuzworträtsel

Lies die Aufgaben und trage die Lösungen in das Kreuzworträtsel ein.

1. Wie heißt die Frucht des Kastanienbaumes?
2. Die ....sagen uns, wie alt ein Baum ist.
3. Es wächst auf feuchtem Waldboden und ist weich und grün.
4. Wer übernimmt außer dem Förster noch die Hege und Pflege des Waldes?
5. Womit nimmt der Baum seine Nahrung auf?
6. Jeder Baum hat ...., von denen die Zweige abgehen.
7. Was liegt im Herbst auf dem Waldboden und raschelt, wenn man darauf geht?
8. Wie heißt der Baum, der 100 Meter hoch wird?
9. Wie heißt die Frucht der Lärche?
10. Wie heißen die Früchte des Eichenbaumes, die der Eichelhäher so gerne frisst?

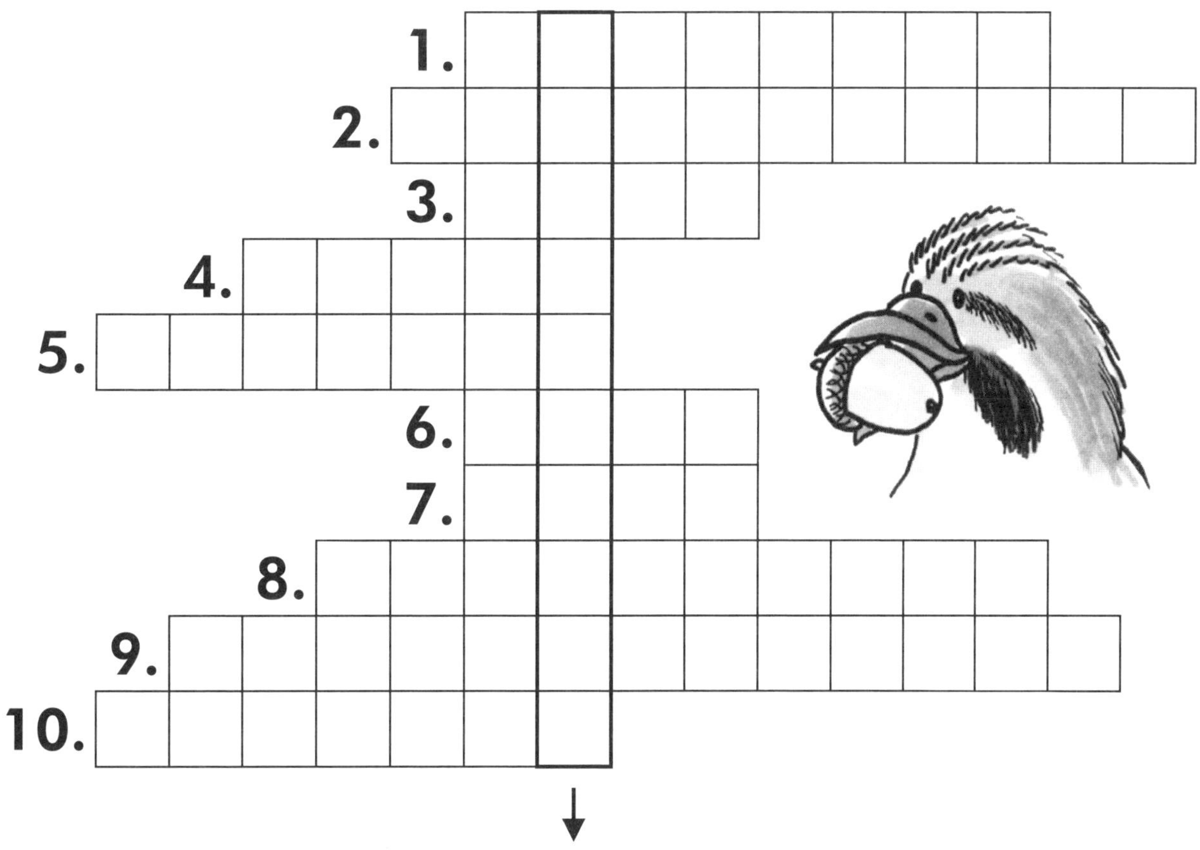

Lösung: Karlchen klebt sich einen ____________________ auf die Nase.

EGNIRSERHAJ - REGÄJ - NLEZRUW - ETSÄ - EINATSAK - BUAL - NLEHCIE - MUABTUMMAM - NEFPAZNEHCRÄL - SOOM

Fahrrad fahren

Bilde zusammengesetzte Nomen mit dem Wort Fahrrad.

das Fahrrad

- die Tour
- die Prüfung
- das Zubehör
- die Panne
- das Schloss
- der Korb

- der Ständer
- der Sattel
- der Lenker
- die Kette
- die Lampe
- die Klingel
- das Geschäft

z.B. das Fahrradgeschäft

Wortfamilie „fahren“

Alle Wörter einer Wortfamilie haben denselben Wortstamm.
„FAHR“ ist der Wortstamm des Wortes „fahren“.
Bilde weitere Wörter dieser Wortfamilie und schreibe sie auf.

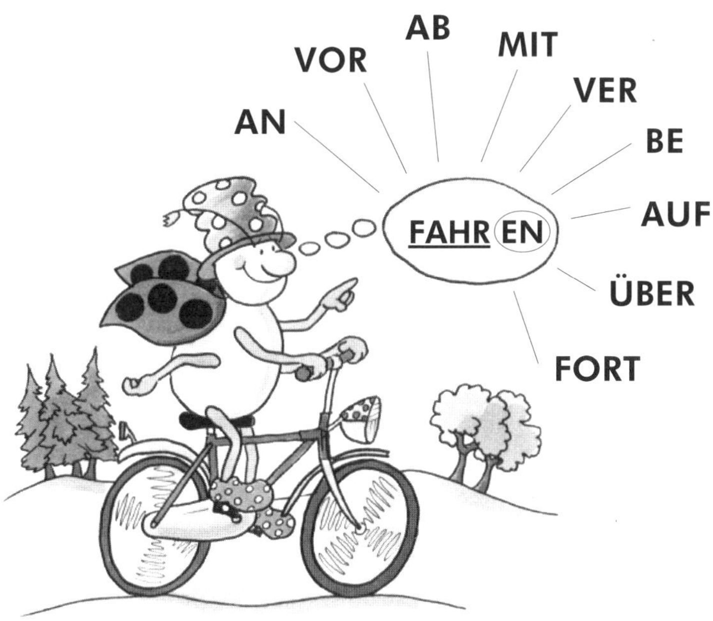

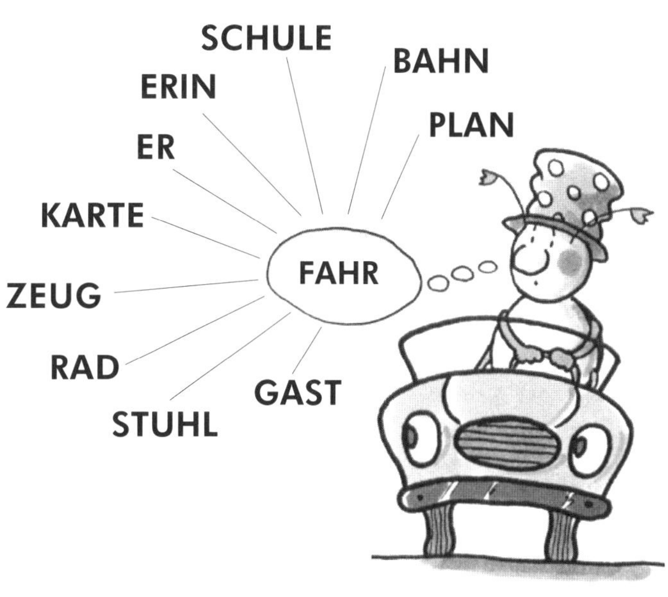

Wortarten

Nomen - Verben - Adjektive
Male die Wörter einer Wortart in der gleichen Farbe an.

gerade · verkehrssicher · vorsichtig · beherrschen · Bremse · bremsen · schwierig · prüfen · gefährlich · rücksichtsvoll · anhalten · klingeln · abbiegen · hupen · Spiegel · schnell · Vorsicht · Klingel · kaputt · Hupe · gucken · Rücksicht · Gefahr

Ordne die Wörter in die Tabelle ein.
Schreibe die Nomen mit Artikel.

Nomen	Verben	Adjektive

Schütteltext

Stromausfall!
Der ganze Text ist durcheinander geraten.

Karlchen will <u>jeden Satz</u> erst mit Zahlen ordnen und dann noch einmal ordentlich aufschreiben. Kannst du ihm helfen?

3 4 1 5 7 6 9 8 10 2
übt Karlchen Seit mit Klasse seiner die für Radfahrprüfung Wochen.

sogar ein Gestern der in Polizist Schule war. die kontrolliert hat Er Fahrräder.

kaputt Tinas war Bremse. anderen verkehrssicher Alle waren Fahrräder.

dem üben Schulhof bremsen die Auf Schüler fahren nun und einhändig.

Verkehrsschilder ihnen alle hat gezeigt Karlchen und erklärt.

wissen Alle, dass wichtig sind Rücksicht im Straßenverkehr und Vorsicht.

Klasse ist Die gespannt ganze aufgeregt und. auch natürlich Karlchen.

Das verkehrssichere Fahrrad

Tina hat Karlchen ein neues Fahrrad geschenkt.
„Damit wir endlich mal wieder schöne Radtouren machen können", sagt sie.
Karlchen freut sich riesig!
Aber bevor sie losfahren, prüft er noch einmal, ob das Fahrrad verkehrssicher ist.

10 Teile machen das verkehrssichere Fahrrad aus. Sind alle am Fahrrad vorhanden?

Klingel - Vorderradbremse - Scheinwerfer -
weißer Vorderstrahler - Speichenstrahler -
gelbe Tretstrahler - Rücklicht - roter Rückstrahler -
Hinterradbremse - Dynamo

Kannst du diese Teile an Karlchens Fahrrad finden?
Trage die passenden Begriffe ein.

Wichtige Verkehrsschilder

Diese Verkehrsschilder solltest du kennen.
Male sie mit den richtigen Farben an und ordne die richtige Bedeutung zu.

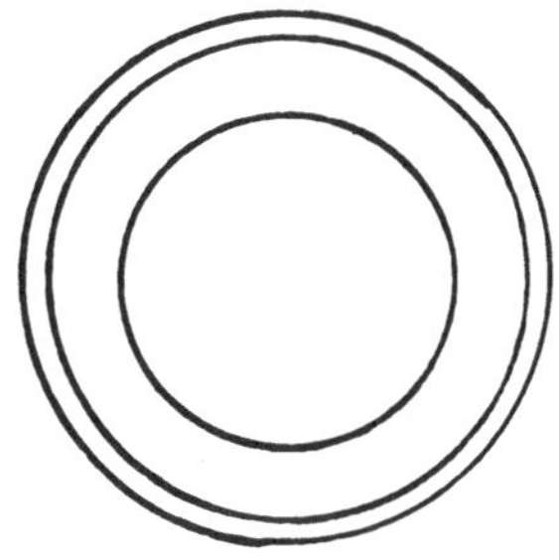

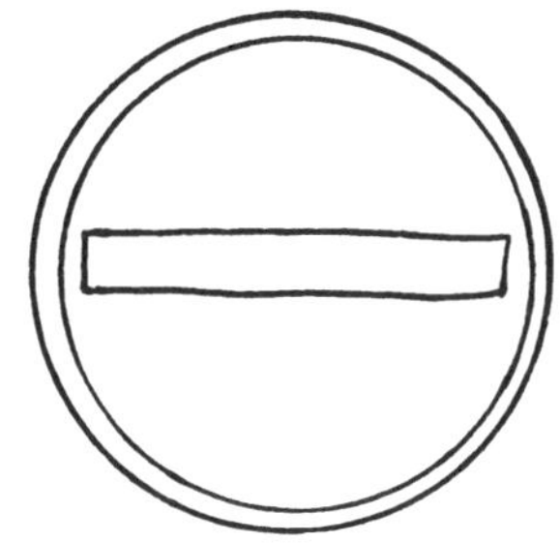

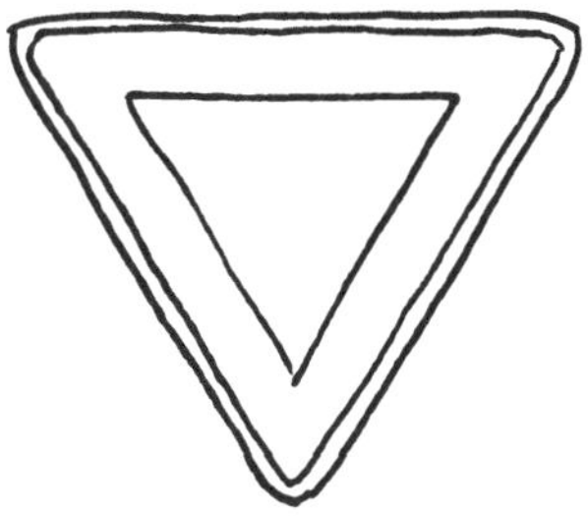

Lösungen:
Fußgängerüberweg - Vorfahrt gewähren - Halt! - für Radfahrer verboten - gemeinsamer Rad- und Fußweg - Einfahrt verboten - Vorfahrtstraße - getrennter Rad- und Fußweg - Durchfahrt verboten

Multiplizieren und dividieren

Rechne!

14 • 10 = 140
14 • 100 = 1400
48 • 10 = ☐
48 • 100 = ☐
82 • 10 = ☐
82 • 100 = ☐

24 • 100 = ☐
35 • 100 = ☐
56 • 100 = ☐
87 • 100 = ☐
79 • 100 = ☐
81 • 100 = ☐

1500 : 10 = 150
1500 : 100 = 15
3600 : 10 = ☐
3600 : 100 = ☐
8400 : 10 = ☐
8400 : 100 = ☐

9200 : 100 = ☐
8700 : 100 = ☐
4900 : 100 = ☐
6200 : 100 = ☐
5500 : 100 = ☐
3700 : 100 = ☐

Rechne im Kopf!

5	•	700	=	
5	•	7	=	
	•	100	=	

9	•	600	=	
9	•		=	
	•	100	=	

4	•	600	=	
	•		=	
	•		=	

2400	:	600	=	
2400	:	100	=	24
24	:	6	=	

6300	:	900	=	
6300	:		=	
	:		=	

4200	:	700	=	
	:		=	
	:		=	

2 • 900 = ☐
4 • 800 = ☐
3 • 600 = ☐
5 • 400 = ☐
6 • 800 = ☐
5 • 900 = ☐

2500 : 500 = ☐
2500 : 5 = ☐
3600 : 400 = ☐
3600 : 9 = ☐
4800 : 600 = ☐
4800 : 8 = ☐

Multiplizieren und dividieren

Zerlege in Hunderter und Zehner.
Addiere die Einzelergebnisse zu einem Gesamtergebnis.

6	•	340	=	
6	•	300	=	1800
6	•	40	=	240
6	•	340	=	2040

7	•	650	=	
7	•	600	=	
7	•		=	
7	•	650	=	

4	•	390	=	
	•		=	
	•		=	
4	•	390	=	

Zerlege die Zahl sinnvoll in möglichst einfache Aufgaben.
Addiere die Einzelergebnisse zu einem Gesamtergebnis.

1350	:	3	=	
1200	:	3	=	400
150	:	3	=	50
1350	:	3	=	450

1890	:	9	=	
1800	:	9	=	
	:	9	=	
1890	:	9	=	

2950	:	5	=	
	:	5	=	
	:	5	=	
2950	:	5	=	

Errechne das Lösungswort.

7	•	470	=		(M)
	•		=		
	•		=		
7	•		=		

3720	:	4	=		(E)
	:		=		
	:		=		
	:	4	=		

6	•	560	=		(H)
	•		=		
	•		=		
	•		=		

6480	:	8	=		(L)
	:		=		
	:		=		
	:	8	=		

Karlchen fährt mit ______________.

3360	930	810	3290

Suchsel

Du weißt, welche Teile dein Fahrrad verkehrssicher machen.
Kennst du auch die anderen Teile, aus denen dein Fahrrad besteht?
In diesem Suchsel findest du 17 Fahrradwörter.
Kreise sie ein.

B	R	E	M	S	B	A	C	K	E	N	A	R	U
F	E	R	U	T	O	J	L	D	R	A	D	S	T
S	I	I	O	Ä	U	S	E	R	E	B	A	Q	P
C	F	E	P	N	I	H	F	M	F	E	L	G	E
H	E	F	F	D	T	I	Y	S	U	R	E	E	D
U	N	M	K	E	T	T	E	J	S	B	N	P	A
T	U	A	G	R	E	W	D	E	P	L	K	Ä	L
Z	C	Q	I	K	G	K	R	B	E	G	E	C	E
B	H	V	E	N	T	I	L	S	I	F	R	K	N
L	E	E	S	C	H	L	A	U	C	H	G	T	Ö
E	N	R	A	H	M	E	N	T	H	O	E	R	L
C	I	E	T	E	G	E	N	I	E	T	R	Ä	K
H	Q	P	T	L	E	T	A	B	N	P	E	G	W
C	G	W	E	S	O	H	O	S	Y	W	U	E	O
T	A	Z	L	U	F	T	P	U	M	P	E	R	E
X	T	R	E	T	L	A	G	E	R	M	D	E	Y

Fahrrad-Träume

Hast du schon mal einen richtigen Fahrrad-Traum gehabt?
So einen richtig verrückten Traum, mit allen möglichen und unmöglichen Ideen?
Karlchen hat gerade so einen Traum. Er fährt mit einem propellerbetriebenen Sonnenschirm-Eiskugelfahrrad. Kannst du dir das vorstellen?

Wie sieht denn dein Fahrrad-Traum aus? Male ihn auf.
Die Parole lautet: „verrückt - verrückter - am verrücktesten"

Die Kokosnuss

Ich, du, er, sie, es, wir, ihr, sie (Plural) sind Pronomen (Fürwörter).
Pronomen können ein Nomen ersetzen.

z.B. Karlchen fliegt in die Tropen.
Nomen
Er fliegt in die Tropen.

Welche Nomen kannst du im folgenden Text durch Pronomen (Fürwörter) ersetzen? Unterstreiche diese Namenwörter mit Buntstift.

Karlchen besucht Yulu in den Tropen. Yulu lebt mit ihren Eltern und Geschwistern auf einer kleinen Insel. Vor Yulus Hütte stehen zwei große Kokospalmen.
Die Kokospalmen haben Palmblätter und tragen viele reife Kokosnüsse.
Yulus Bruder klettert auf die Palme und erntet die Kokosnüsse. Die reifen Kokosnüsse sind ein wichtiges Nahrungsmittel für die Familie. Yulu liebt Kokosnüsse. Am liebsten trinkt Yulu das erfrischende Kokoswasser. Ihre Brüder mögen das Kokoswasser nicht so gerne. Ihre Brüder essen lieber das leckere Kokosfleisch. Yulus Mutter benutzt das Kokosfleisch häufig zum Kochen und Backen.

Schreibe den Text mit den Pronomen auf.

Silbenrätsel

In diesem tropischen Meer sind 15 Wörter versteckt.
Verbinde die Silben, die zusammengehören.
Schreibe die Wörter auf. Unterstreiche Nomen in blau und Verben in rot.

Es gibt 3000 verschiedene Palmenarten.
Diese 5 sind am bedeutendsten.
Bilde zusammengesetzte Nomen.

die Palme — **Kokos**, **Sago**, **Dattel**, **Öl**, **Betel**

Pflanzenteile

Schau dir die Abbildung der Kokospalme und der Kokosnüsse genau an.
Eine Kokosnuss ist aufgeschnitten, damit du siehst, wie sie innen aussieht.

Versuche, die Pflanzenteile mit Hilfe der Geheimschrift zu benennen.

Kokosnüsse - Stamm - Wurzeln - Kokoswasser - Steinschicht - Kokosfleisch - Außenhülle - Blütenstand - Faserschicht - Palmblatt

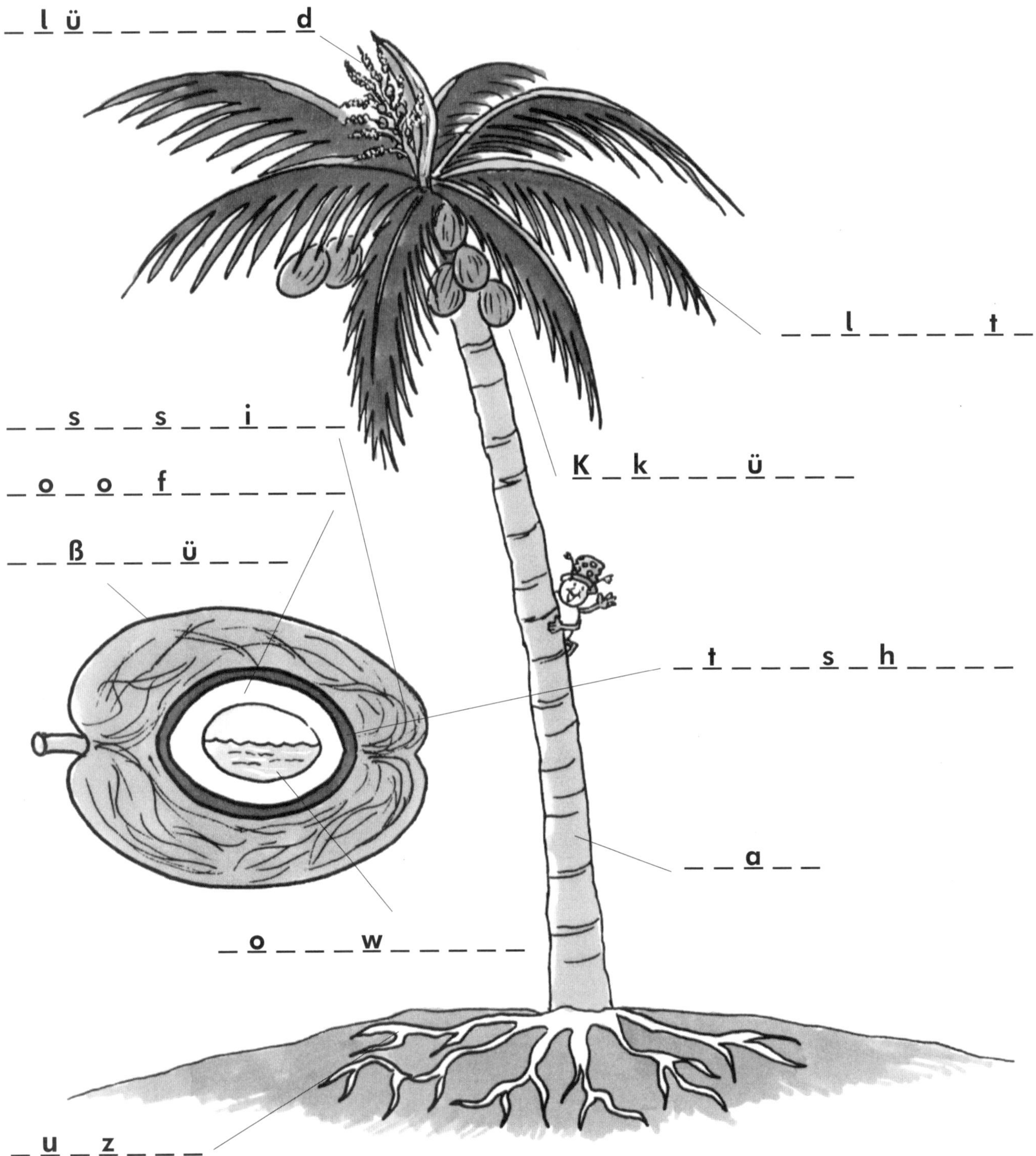

Die Reise der Kokosnuss

Lies den Text genau durch.

Die Kokosnuss ist die Frucht der Kokospalme. Sie wächst an allen Meeresküsten der Tropen. Aber nur an den Meeresküsten, denn die Kokosnuss benutzt das Meerwasser als Transportmittel. Sie hat eine grüne, wasserdichte Außenschale, so kann sie monatelang im Meerwasser treiben. Wenn sie zufällig an einen Strand gespült wird, beginnt sie zu keimen und eine neue Kokospalme wächst.
Aber nicht alle Kokosnüsse treiben im Wasser. Die meisten Kokosnüsse werden geerntet und verarbeitet. Von der befruchteten Blüte bis zur reifen Kokosnuss dauert es 15 Monate. An einer Kokospalme reifen im Jahr ungefähr 100 Kokosnüsse.
Die Ernte der Nüsse ist Schwerstarbeit, denn die Männer müssen die 25 Meter hohen Stämme hinaufklettern und die Kokosnüsse abpflücken. In einigen Regionen haben die Menschen Affen so dressiert, dass sie auf die Palmen klettern und die Nüsse herunterholen.

Für die einheimische Bevölkerung ist das Kokoswasser ein köstliches Erfrischungsgetränk, viele essen auch das Kokosfleisch gerne. Es gibt bei uns viele Nahrungsmittel, die mit Kokosfleisch zubereitet werden. Beispielsweise essen wir häufig Kokosmakronen, Kokosschokolade, Kokosfett, Kokosflocken und -raspeln.
Auch die Faserschicht zwischen der Außenhülle und der Steinschale wird geerntet und zu hochwertigen Seilen, Besen, Teppichen und Matten verarbeitet.
Die Kokosnüsse, die nicht verarbeitet oder vor Ort verbraucht werden, verlädt man auf Lastwagen, Züge und Schiffe und transportiert sie zu anderen Verbrauchern, z.B. zu dir. Für die Bewohner der Tropen ist die Kokospalme der Baum des Lebens, weil jeder Teil der Kokospalme und ihrer Frucht für den Menschen nutzbar ist.

Fragen zum Text:

1. Unterstreiche die Nahrungsmittel, die aus der Kokosnuss hergestellt werden, gelb.
2. Unterstreiche die Dinge, die aus der Kokosfaser hergestellt werden, grün.
3. Warum kann die Kokosnuss monatelang im Meerwasser treiben?
4. Wie werden die Kokosnüsse geerntet?
5. Wie lange braucht eine Kokosnuss, bis sie reif ist?
6. Wie viele Kokosnüsse wachsen im Durchschnitt an einer Kokospalme?
7. Warum nennen die Bewohner der Tropen die Kokospalme den Baum des Lebens?

Schriftliche Multiplikation

421 • 3

T	H	Z	E
			3
		6	
1	2		
1	**2**	**6**	**3**

Beginne bei der Einerstelle und rechne von hinten nach vorne.

3 • 1E = 3E
3 • 2Z = 6Z
3 • 4H = 1T 2H

512 • 3

T	H	Z	E
			6
		3	
1	5		

234 • 2

T	H	Z	E

421 • 2

T	H	Z	E

322 • 3

T	H	Z	E

432 • 3

T	H	Z	E

631 • 3

T	H	Z	E

843 • 2

T	H	Z	E
			6
		8	
1	6		

402 • 4

T	H	Z	E

2121 • 3

T	H	Z	E

3321 • 3

T	H	Z	E
			3
		6	
	9		
9			

4132 • 2

T	H	Z	E

7121 • 3

T	H	Z	E

Schriftliche Multiplikation

Rechne die Aufgaben aus und trage den jeweiligen Lösungsbuchstaben in das Lösungswort ein.

Es geht kürzer:

658 · 3 (H)			
T	H	Z	E
1	9	7	4

$3 \cdot 8 = 24$
schreibe 4E, merke 2
$3 \cdot 5 = 15 + 2 = 17$
schreibe 7Z, merke 1
$3 \cdot 6 = 18 + 1 = 19$
schreibe 9H und 1T

328 · 3 (A)			
T	H	Z	E

254 · 4 (N)			
T	H	Z	E

637 · 4 (L)			
T	H	Z	E

386 · 5 (C)			
T	H	Z	E

1239 · 3 (R)			
T	H	Z	E

2452 · 4 (O)			
T	H	Z	E

2168 · 3 (T)			
T	H	Z	E

1377 · 2 (E)			
T	H	Z	E

1182 · 6 (I)			
T	H	Z	E

2364 · 4 (K)			
T	H	Z	E

3217 · 3 (M)			
T	H	Z	E

1085 · 7 (S)			
T	H	Z	E

9456	984	3717	2548	1930	1974	2754	1016

6504	3717	7092	1016	9456	6504

9456	9808	9456	9808	7595	9651	7092	2548	1930	1974

Textaufgaben

Auf Karlchens Urlaubsinsel gibt es drei Kokospalmen. In diesem Jahr wachsen an jeder Kokospalme 124 Kokosnüsse.

Frage: ______________________________

____

Rechnung:

Antwort: ______________________________

____

Tina isst für ihr Leben gerne Kokosmakronen. In jeder Tüte sind 28 Makronen. Tina hat diese Woche schon 5 Tüten aufgegessen.

Frage: ______________________________

____

Rechnung:

Antwort: ______________________________

____

Im Supermarkt kauft Karlchen Kokosnüsse für seine Käfer-Kokosnuss-Party. Eine Kokosnuss kostet 1,45 Euro. Karlchen braucht 8 Kokosnüsse.

Frage: ______________________________

____

Rechnung:

Antwort: ______________________________

____

Urlaubsangebot: Erholung unter Kokospalmen für 1238 Euro pro Person. Karlchen will mit Tina und Oskar Urlaub machen.

Frage: ______________________________

____

Rechnung:

Antwort: ______________________________

____

Rechnen im Zahlraum bis 10 000

Wiederholung!
Rechne die Aufgaben in der angegebenen Reihenfolge und verbinde die Punkte in der Reihenfolge der Ergebnisse.

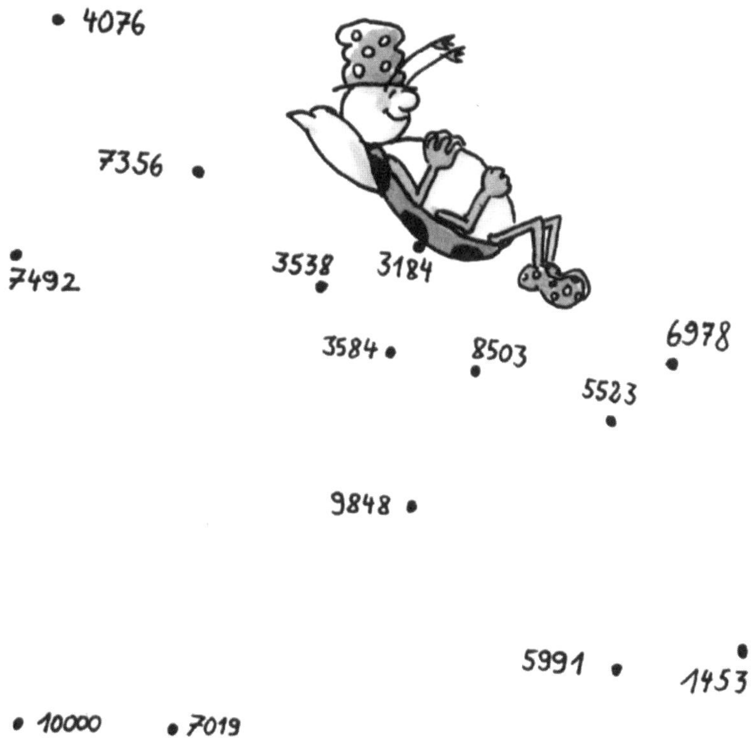

①

	4	2	3	6
+	2	7	8	3

②

	9	8	7	5
-	6	2	9	1

③ 2462 · 4

④

	5	6	1	7
+		7	8	4
+	2	1	0	2

⑤

	9	1	0	3
-	2	4	3	5
-		6	7	7

⑥ 789 · 7

⑦

	8	0	0	8
-	6	5	5	5

⑧ 3489 · 2

⑨

	2	1	0	4
+			8	7
+		9	9	3

⑩

	6	4	4	4
-	1	6	6	6
-		7	0	2

⑪ 1839 · 4

⑫

	5	4	0	4
+	2	0	0	1
+			8	7

⑬

	1	0	0	0	0
-		6	4	3	3
-				2	9

⑭ 1250 · 8

Trinken aus der Kokosnuss

Hast du schon einmal eine Kokosnuss in der Hand gehalten?
Schließe die Augen. Nun schüttele die Kokosnuss mit beiden Händen hin und her. Hörst du, wie das Kokoswasser an die Wände deiner Kokosnuss schwappt und klatscht? Das heißt, die Kokosnuss ist reif.
Nun legst du deine Kokosnuss eine halbe Stunde in den Kühlschrank, damit das Kokoswasser in der Nuss schön kühl wird.

Du brauchst:
-1 Kokosnuss
-1 Schraubenzieher
-1 Hammer
-1 Person, die die Kokosnuss festhält oder dir hilft (z.B. Karlchen)
-1 Strohhalm

Nimm die Kokosnuss aus dem Kühlschrank.

Schau sie genau an. An der einen Seite kannst du 3 daumendicke Vertiefungen sehen.

Karlchen hält nun die Kokosnuss fest.
Du setzt den Schraubenzieher mit der Spitze in eines dieser Löcher und schlägst mit dem Hammer auf den Griff des Schraubenziehers.

Wenn du fest genug schlägst, bohrt der Schraubenzieher dir ein Loch in die Kokosnuss.

Ziehe den Schraubenzieher wieder heraus.
Nimm einen Strohhalm und schiebe ihn in das Loch.

Und nun probiere und genieße köstlich frisches Kokoswasser.

Suchsel

Schau dir das Rätsel genau an.
Es sind 16 Kokos-Wörter darin versteckt.
Wörter, die Produkte der Kokospalme oder der Kokosnuss darstellen, musst du gelb einkreisen, z.B. Seife, Matte, Schokolade.
Die Wörter, die Pflanzenteile benennen, kreist du grün ein.

K	O	K	O	S	W	A	S	S	E	R	J	A	E	T	A	R	U
F	E	R	U	F	E	R	C	T	O	J	L	D	R	S	D	S	T
S	I	F	O	R	I	I	H	B	U	S	E	R	E	T	A	Q	P
C	K	E	P	C	F	P	O	C	K	H	F	M	G	A	H	K	E
K	O	K	O	S	M	A	K	R	O	N	E	N	U	M	E	M	D
B	K	M	K	E	N	D	O	E	K	T	E	A	S	M	N	A	Z
T	O	A	S	C	H	A	L	E	O	W	D	H	P	L	V	T	G
Z	S	Q	E	I	C	Q	A	K	S	K	R	R	F	G	E	T	E
V	F	V	I	E	H	V	D	N	N	I	L	U	I	P	R	E	W
L	E	E	F	S	E	Z	E	C	U	L	W	N	B	A	G	X	R
Z	T	R	E	A	N	R	B	H	S	E	N	G	N	L	E	W	L
C	T	E	B	L	Ü	T	E	N	S	T	A	N	D	M	R	U	K
H	A	Z	L	T	A	Z	L	U	F	T	P	B	N	H	E	R	W
F	P	A	L	M	B	L	Ä	T	T	E	R	S	Y	O	U	Z	O
T	G	K	O	K	O	S	F	A	S	E	R	U	M	L	E	E	F
X	T	N	U	X	T	X	E	T	Q	A	W	K	R	Z	D	L	B
T	B	R	E	N	N	M	A	T	E	R	I	A	L	N	E	N	E
V	T	R	A	J	T	W	J	T	G	A	G	M	R	M	D	E	Y

Der Frosch

Karlchen hat auf dem Weg zur Schule zwei Frösche entdeckt. Vorsichtig nimmt er sie mit in die Klasse. Die Schüler sind begeistert und taufen sie sofort:

Antonia und Ferdinand

Frösche:

Bilde zu jedem Verb die Verbformen in Gegenwart und Vergangenheit. Trage die Verben in die Tabelle ein.

Grundform	Gegenwart	Vergangenheit
atmen	er atmet	er atmete

Steckbrief und Beschreibung

Steckbrief: Laubfrosch

Lebensraum:
Teich oder Tümpel, umgeben von Wiesen, Feldern und Wäldern
Größe:
kleinste Froschart, bis zu 5 cm lang
Aussehen:
glatte grüne Haut, heller Bauch, lange Sprungbeine
Nahrung:
Mücken und andere Insekten
Alter:
kann 6 - 8 Jahre alt werden
Feinde:
sehr viele Feinde (Vögel, Wasserspitzmaus, Igel, Schlange)
Besondere Merkmale:
hat Haftscheiben an Fingern und Zehen, mit denen er auf Bäume klettert

Informationen können auf verschiedene Art und Weise aufgeschrieben werden, hier z.B. als Steckbrief.
Schreibe die Informationen über den Laubfrosch als Beschreibung auf.

Beschreibung des Laubfrosches.

Der Laubfrosch lebt in Teichen und Tümpeln, die von Wiesen, Feldern und Wäldern umgeben sind. Der Laubfrosch ist die kleinste vorkommende Froschart und

wird bis zu ______________________________

Akkusativobjekt (Wen-Ergänzung)

Das Akkusativobjekt (Wen-Ergänzung) findest du, indem du die „Wen-oder-Was-Frage“ stellst.

z.B. Karlchen entdeckt <u>zwei Frösche</u>.
Wen oder was entdeckt Karlchen?
Zwei Frösche (Akkusativobjekt).

Bilde zu jedem Satz die passende „Wen-oder-Was-Frage“ und unterstreiche das Akkusativobjekt in den folgenden Sätzen bunt.

1. Die Schüler taufen die Frösche.

2. Antonia trägt Ferdinand auf ihrem Rücken.

3. Im Teich legt Antonia 4000 Eier ab.

4. Ferdinand quakt Antonia ein wunderschönes Lied vor.

5. Karlchen findet am Teich Froschlaich.

6. Am nächsten Tag sieht Tina schon kleine Kaulquappen.

7. Die Kaulquappen bekommen kleine Hinterbeine.

Zusammengesetzte Nomen

Karlchen erklärt seiner Klasse, dass der Frosch zur Gruppe der Lurche gehört. Lurche werden auch Amphibien genannt, sie können sowohl im Wasser als auch auf dem Land leben.
Es gibt Froschlurche, die haben keinen Schwanz, wie Frösche und Kröten. Und es gibt Schwanzlurche, zu ihnen gehören Molche und Salamander.

Schau dir die Frösche, Kröten und Lurche genau an.
Bilde zusammengesetzte Nomen.

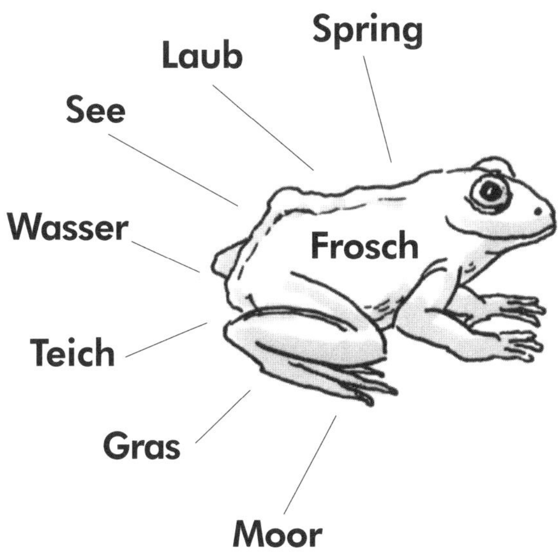

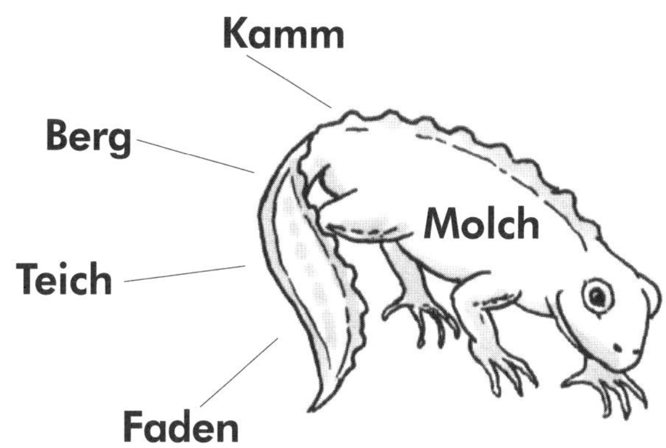

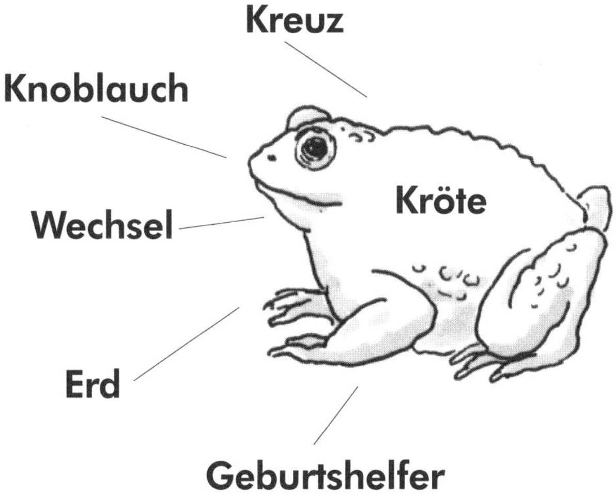

Entwicklung des Frosches

Schau dir die Abbildungen genau an.
Sie zeigen dir die Entwicklung des Frosches.
Ordne jedem Bild den passenden Text von der rechten Seite zu. Wenn du den jeweiligen Buchstaben beim richtigen Bild einträgst, ergibt sich ein Lösungswort.

Lösung: Der kleine Frosch ist ______________________________.

Entwicklung des Frosches

Schreibe die unterstrichenen Sätze in der richtigen Reihenfolge auf.

(T) Über die Außenkiemen ist ein Hautlappen gewachsen. Sie haben sich zu Innenkiemen entwickelt. Die Kaulquappe wächst jetzt sehr schnell.

(G) Der kleine Frosch atmet jetzt mit der Lunge. Er frisst keine Algen mehr und muss jetzt lernen, kleine Insekten zu fangen. Bis er genügend Insekten fängt, lebt er von seinem Schwanz, der sich langsam zurückentwickelt.

(F) Der Froschlaich schwimmt im Wasser. In einigen Eiern entwickeln sich schon kleine Kaulquappen.

(E) Die Kaulquappen sind geschlüpft. Sie ernähren sich von ihrer Eihülle, der Gallerthülle.

(I) Langsam wachsen die Hinterbeine. Die Kaulquappe wächst jeden Tag.

(R) Die Kaulquappen fressen jetzt Algen. Es haben sich Außenkiemen gebildet, die wie Büschel aussehen.

Zahlraum bis 1 000 000

Wie heißt die Zahl?

3HT	7Z	8H
4ZT	3T	9E

9ZT	3E	4T
6H	3Z	7HT

Trage in die Stellenwerttabelle ein.

M	HT	ZT	T	H	Z	E	
							120372
							403507
							298766
							999009
							1000201
							874222

Rechne im Kopf.

680000 + 60000 =

920000 - 50000 =

730000 + 90000 =

840000 - 80000 =

380000 + 30000 =

210000 - 70000 =

570000 + 50000 =

420000 - 30000 =

527000 + 5000 =

498000 - 9000 =

503000 + 9000 =

702000 - 6000 =

366000 + 7000 =

822000 - 4000 =

308000 + 9000 =

998000 - 8000 =

Multipliziere mit Zehnerzahlen.

4532 · 30	1237 · 60	5812 · 40	3281 · 70
7327 · 50	8911 · 30	6666 · 60	2987 · 20

Multipliziere mit Hunderterzahlen.

262 · 300	185 · 500	392 · 400	677 · 200
553 · 600	802 · 800	954 · 400	333 · 300
2501 · 300	1720 · 200		

135960	59740
381600	74220
78600	99900
232480	92500
750300	229670
156800	344000
366350	135400
267330	331800
399960	641600

Körperteile

Benenne die Körperteile des Frosches.

Trommelfell - Maul - Auge - Vorderbeine mit 4 Zehen - Schwimmhäute
verschließbares Nasenloch - Sprungbein mit 5 Zehen - Schallblase

Besonders während der Paarungszeit erzeugen viele Froschmännchen mit ihrer großen Schallblase weit hörbare Rufe (Froschkonzert).

Dativobjekt (Wem-Ergänzung)

Das Dativobjekt (Wem-Ergänzung) findest du, indem du die „Wem-Frage“ stellst.

z.B. Tina und Karlchen helfen <u>den Fröschen</u>.
Wem helfen Tina und Karlchen?
Den Fröschen. (Dativobjekt)

Bilde zu jedem Satz die passende „Wem-Frage“ und unterstreiche das Dativobjekt in den folgenden Sätzen bunt.

1. Karlchen und Tina machen mit den Fröschen ein Picknick am Teich.

2. Antonia flüstert Karlchen einen Witz ins Ohr.

3. Die Kaulquappen machen mit der Ente eine Wasserschlacht.

4. Die Frösche tanzen den Kröten einen Tango vor.

5. Antonia schwimmt mit Tina und Karlchen um die Wette.

6. Die Tiere lauschen dem Froschkonzert.

Die Ritter

Immer zwei Wörter sind miteinander verwandt.
Sie gehören zur gleichen Wortfamilie.
Male die Wörter einer Wortfamilie in der gleichen Farbe an.

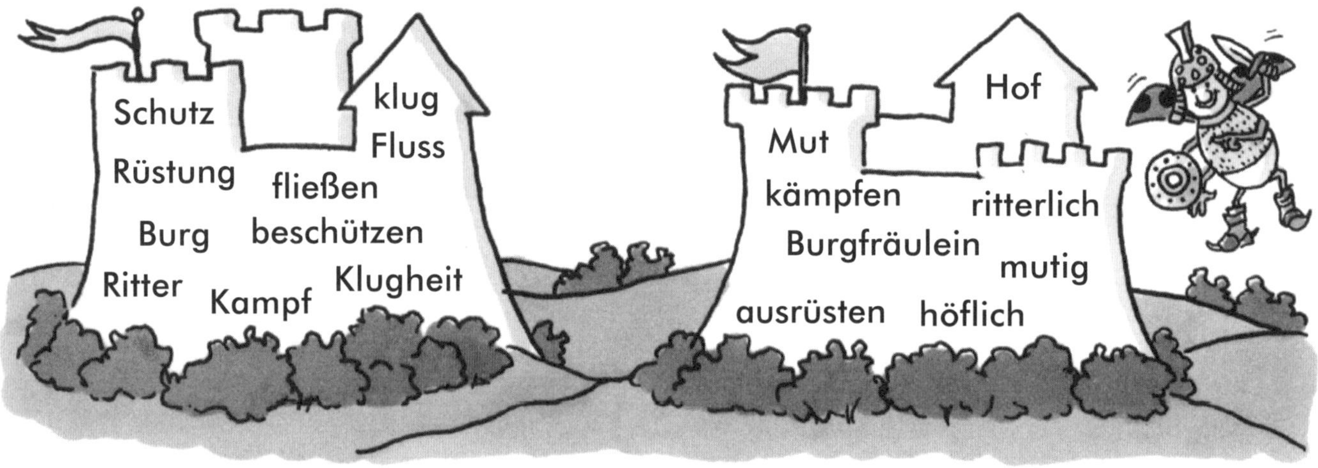

Schreibe die zusammengehörenden Wörter so auf.

z.B.: Schutz - schützen

________________________ ________________________

________________________ ________________________

________________________ ________________________

________________________ ________________________

Setze die passenden Objekte ein.
Stelle die „Wem-Frage" oder die „Wen-oder-Was-Frage".

Ritter Karlchen baute ________________.	ihm
Er wollte dem Burgfräulein Tina ________________.	eine Burg
Er ließ ____________ errichten und __________	dem Ritter
___________ anbringen. Ritter Karlchen schenkte seinem	Wehrtürme
________________ eine schöne Wohnung in der Burg.	eine Zugbrücke
Tina war ___________ sehr dankbar. Sie schenkte	Schutz bieten
_______ dafür eine knusprige Blattlaus.	Burgfräulein

Verbformen

Lies den Text und unterstreiche die Verben.

Karlchens Burgfest

Burgherr Karlchen der I. feiert in jedem Jahr ein großes Burgfest.
Er und sein Burgfräulein Tina haben viele Gäste eingeladen.
Alle Zuschauer tragen prächtige Gewänder. Die besten Ritter des Landes sind gekommen, um gegeneinander zu kämpfen. Viele Ritter sitzen schon in voller Rüstung auf ihren Streitrossen. Sie tragen ihr Wappenschild, an dem man sie erkennt, bei sich. Burgherr Karlchen begrüßt alle Teilnehmer. Das Turnier beginnt.
Die Ritter Oskarus und Ottorius grüßen sich höflich. Sie reiten aufeinander los.
Es ist ein spannender Kampf. Schließlich beendet Burgherr Karlchen den Kampf.
Ritter Oskarus gewinnt und bekommt vom Burgfräulein einen Kuss.
Die Zuschauer klatschen begeistert.

Schreibe den Text in der Vergangenheitsform auf.
Unterstreiche die Verben.

Waffenkammer

Wirf einen Blick in die Waffenkammer des Burgherrn Karlchen.
Kennst du diese Waffen?
Versuche, den Abbildungen die passenden Begriffe zuzuordnen.
Trage die Lösungen in das Rätsel ein.

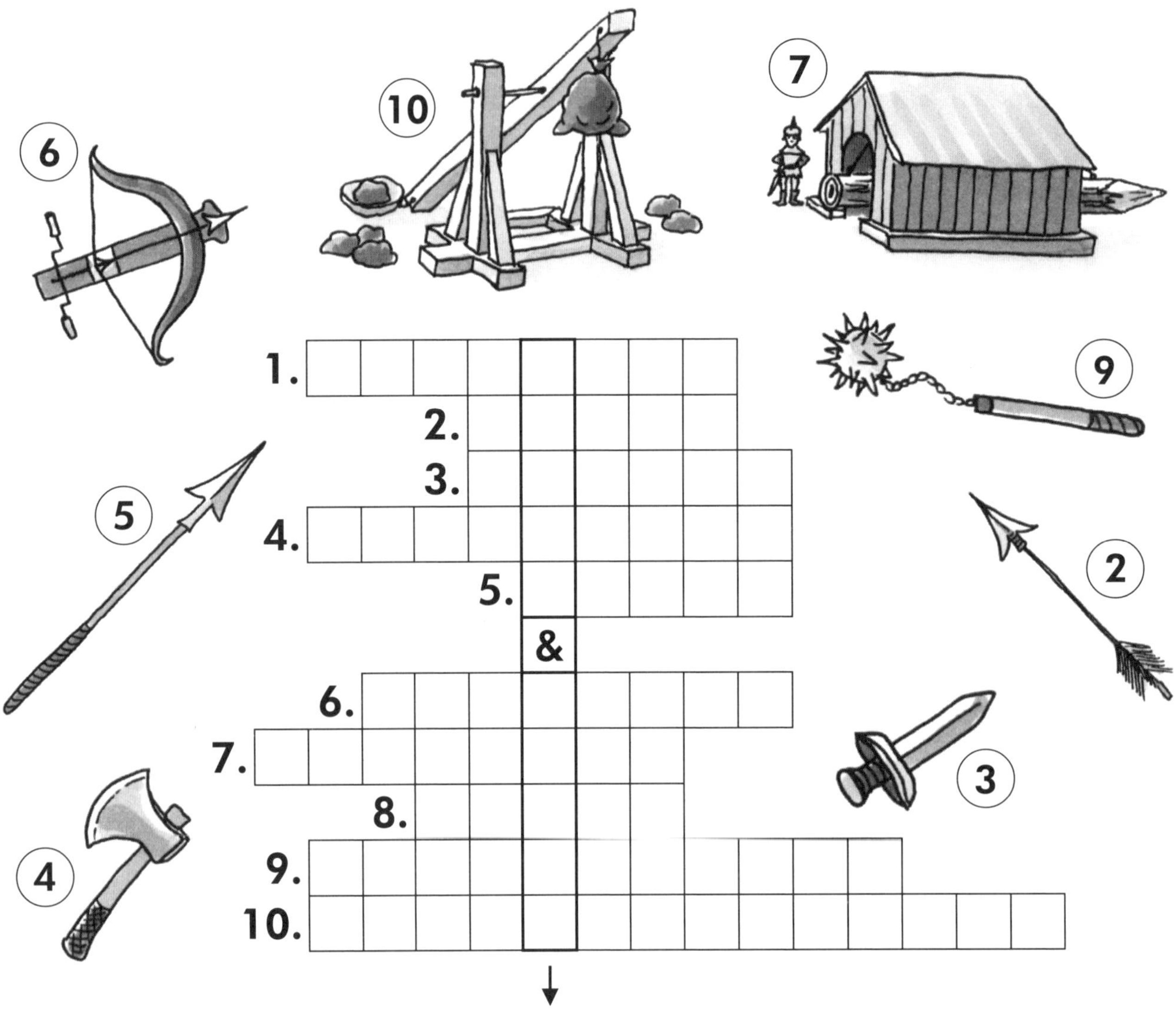

Burgherr Karlchen der I. kämpfte am besten mit ______________________.

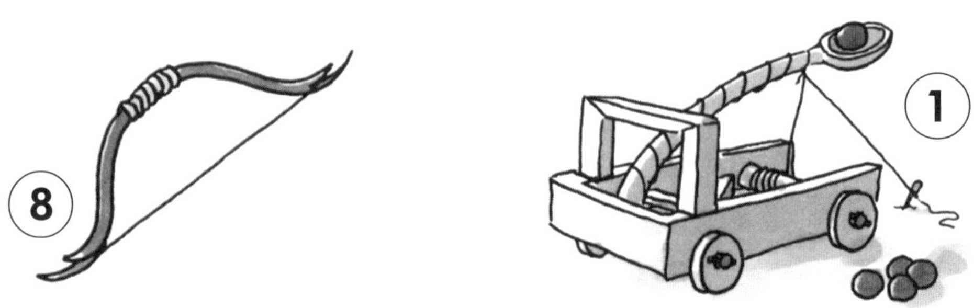

Lösungen: KCOBMMAR - NEGOB - TLUPATAK - LIEFP - EZNAL - TSURBMRA - NRETSNEGROM - REDUELHCSNIETS - RESSEM -TXATIERTS -

Burganlage

Betrachte diese Burg genau.
Kannst du den Nummern von 1-10 die passenden Begriffe zuordnen?
Trage auch die Lösungsbuchstaben ein. In der richtigen Reihenfolge ergeben sie ein Lösungswort. Male die Burg farbig an.

Burggraben (S) - Ringmauer (H) - Wehrturm (E) - Wohngebäude (I) - Schießscharte (T)
Vorburg (H) - Hauptburg (E) - Wehrgang (R) - Zugbrücke (I) - Burgtor (C)

1. ______ ☐
2. ______ ☐
3. ______ ☐
4. ______ ☐
5. ______ ☐
6. ______ ☐
7. ______ ☐
8. ______ ☐
9. ______ ☐
10. ______ ☐

In seiner Burg ist Karlchen in ______________________.

Schriftliches Multiplizieren

Multipliziere mit zweistelligen Zahlen. Die Teilergebnisse im großen Kästchen findest du in der Aufgabe wieder. Male die verschiedenen Teilergebnisse in beiden Rechnungen jeweils mit der gleichen Farbe an.

	246 · 52					
		1	2	3	0	0
+				4	9	2

	481 · 15					
			4	8	1	0
+			2	4	0	5

	276 · 19					
+						

	857 · 16					
+						

	534 · 18					
+						

	342 · 54					
+						

	681 · 67					
+						

	449 · 38					
+						

	709 · 99					
+						

	4213 · 18					
+						

	3864 · 82					
+						

	7233 · 45					
+						

	9455 · 23					
+						

	234 · 213					
		4	6	8	0	0
+			2	3	4	0
+				7	0	2

	671 · 342					
+						
+						

	802 · 570					
+						
+						

	999 · 999					
+						
+						

Lösungen: 9612 - 13712 - 5244 - 7215 - 70191 - 17062 - 45627 - 18468 - 217465 - 325485 - 316848 - 75834 - 998001 - 457140 - 229482 - 49842

Textaufgaben

Für das mittelalterliche Burgfest müssen 74 Ritterrüstungen zu je 236 Talern bestellt werden.

Frage: ______________________

____

Rechnung:

Antwort: Die Ritterrüstungen kosten _______ Taler.

Für das Rittermahl brät der Burgkoch 436 Würstchen zu je 87 Groschen.

Frage: ______________________

____

Rechnung:

Antwort: Die Würstchen kosten _______ Groschen.

Karlchen macht mit seinen 37 Schülern einen Ausflug zum Burgfest. Für jeden Schüler muss er 34 Taler bezahlen.

Frage: ______________________

____

Rechnung:

Antwort: Karlchen bezahlt für die Schüler _______ Taler.

Der Burgherr kauft für den Rittersaal neue Stühle. Er bestellt 165 Stühle zu jeweils 234 Talern.

Frage: ______________________

____

Rechnung:

Antwort: Der Burgherr muss _____ Taler bezahlen.

Burgherr Karlchen der I. kauft für seine 155 Ritter neue Rüstungen und Pferde. Jede Rüstung kostet 234 Taler, jedes Pferd kostet 99 Taler.

Frage: Wieviel muss der Burgherr bezahlen?

Rechnung:

Antwort: ______________________

____

Schriftliche Division

Bilde die Vielfachen des Teilers und rechne.
Beachte die Stellenwerte, das ist leichter!

	T	H	Z	E				T	H	Z	E
	7	8	5	4	:	7	=	1	1	2	2
-	7										
	0	8									
-		7									
		1	5								
-		1	4								
			1	4							
-			1	4							
				0							

T	H	Z	E				T	H	Z	E
5	7	3	2	:	4	=	1			
4										
1	7									

T	H	Z	E				T	H	Z	E
5	2	0	8	:	3	=				

T	H	Z	E				T	H	Z	E
9	9	3	2	:	4	=				

T	H	Z	E				T	H	Z	E
8	0	0	1	:	9	=				

Schriftliche Division

Auf dem Burgfest treten jeweils 2 Ritter an, die gegeneinander kämpfen.
Löse die Aufgaben und male die Sieger an.

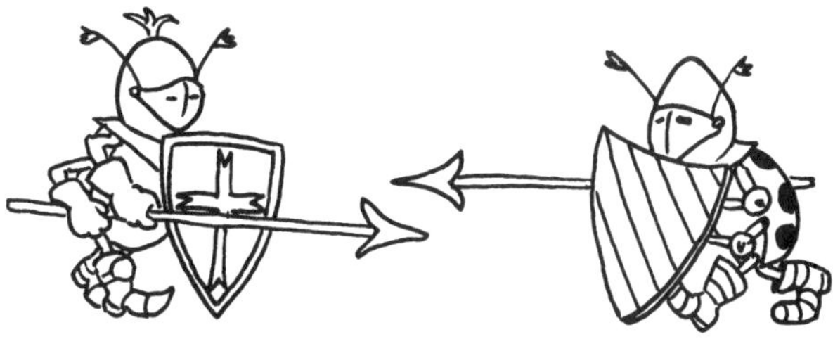

273440 : 5 =

470547 : 7 =

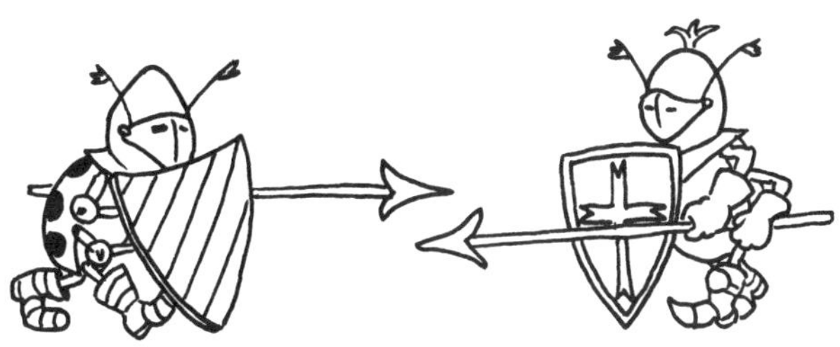

327256 : 8 =

918279 : 9 =

Rätsel

Dem Burgkoch fehlen noch einige Zutaten für das große Mahl im Rittersaal.
Schnell schreibt er der Magd, so gut er kann, einen Zettel.
Sie läuft auf den Markt, um die Sachen zu besorgen.

Kannst du lesen, was sie holen soll?

 + 

3=R 4=N 2=N

 + O

1=B 3=H 2,3,4 (durchgestrichen)

2=I 4=R

2=L 4=M 5 (durchgestrichen)

 + 

4=S 5=T
6=C
2=E 3 (durchgestrichen)

Wappen

Dem Burgherrn Karlchen dem I. ist durch einen Boten ein Wappenbrief überbracht worden. Der Wappenbrief enthält die Urkunde über die Verleihung eines Wappens.
Schau dir nun Karlchens wunderschönes Wappen genau an.
Auch seine Ritter müssen jetzt dieses Wappen tragen, damit sie in ihrer Rüstung erkannt werden.
Male Karlchens Wappen bunt an. Ein Wappen hat möglichst wenig Farben. Diese sollen aber sehr gegensätzlich, also kontrastreich sein.
Wenn du Lust hast, male dir ein eigenes Wappen.

An der Nordsee

Der starke Nordseewind hat Karlchens Gedanken völlig durcheinander gepustet.

Karlchen will <u>jeden Satz</u> erst mit Zahlen ordnen und dann noch einmal ordentlich aufschreiben. Kannst du ihm helfen?

1 2 3
an verbringen Tina und Sommerferien die der Karlchen Nordsee.

können sie Am wandern spielen und Strand.

Möwe Eine auf dem sitzt Strandkorb sucht Nahrung und.

im Tina badet gerne Meer. muss achten sie Ebbe auf Dabei und Flut.

viele liegen Strand Am Muscheln.

Schneckenhäuser, Seesterne, Krebse und Quallen auch findet Karlchen.

liegt Leider viel auch Strand Müll am.

vom wird Wasser angetrieben Flut bei Alles.

Schüttelwörter

Welche Wörter sind hier versteckt?
Schreibe sie auf.

Schreibe die Nomen und Verben in Einzahl und Mehrzahl.

Nomen		Verben	
Einzahl	Mehrzahl	Einzahl	Mehrzahl
die Möwe	die Möwen	sie fliegt	sie fliegen

Satzglieder

Bestimme die Satzglieder der folgenden Sätze.
Unterstreiche: Subjekt - grün Dativobjekt - blau
Prädikat - rot Akkusativobjekt - gelb

1. Karlchen macht mit Tina eine Wattwanderung.
2. Tina schwimmt mit der Luftmatratze.
3. Karlchen sammelt Strandgut.
4. Die Möwen folgen dem Krabbenkutter.
5. Die Seehunde bringen im Watt ihre Jungen zur Welt.
6. Karlchen bastelt für Tina eine Muschelkette.
7. Tina fängt mit dem Kescher eine Krabbe.
8. Die Fischer fangen in ihren Netzen Schollen und Garnelen.

Die Umstandsbestimmung des Ortes ist auch ein Satzglied.
Dabei handelt es sich um Ortsangaben, z.B. „am Strand" etc.
Unterstreiche die Umstandsbestimmung des Ortes in den folgenden Sätzen.

1. Karlchen trifft am Strand einen lustigen Seestern.
2. Junge Seehunde spielen meistens im Wattenmeer.
3. In den Dünen liegt Tina und träumt von tanzenden Wasserschildkröten.
4. Tina tanzt auf den Wellen.
5. Im Priel badet eine flotte Flunder.
6. Tina und Karlchen spielen in der Sandburg.
7. Karlchen reitet auf einem Schweinswal durch das Wasser.
8. Tina fliegt zum Eis essen in die Stadt.
9. Das schöne Seepferdchen liegt unter dem Sonnenschirm.
10. Tina taucht mit Karlchen in eine Unterwasserhöhle.

Wortarten

Bestimme die Wortarten und male die Wortfelder in den passenden Farben an.

Adjektive - grün
Artikel - orange
Nomen - blau
Verben - rot
Pronomen - gelb

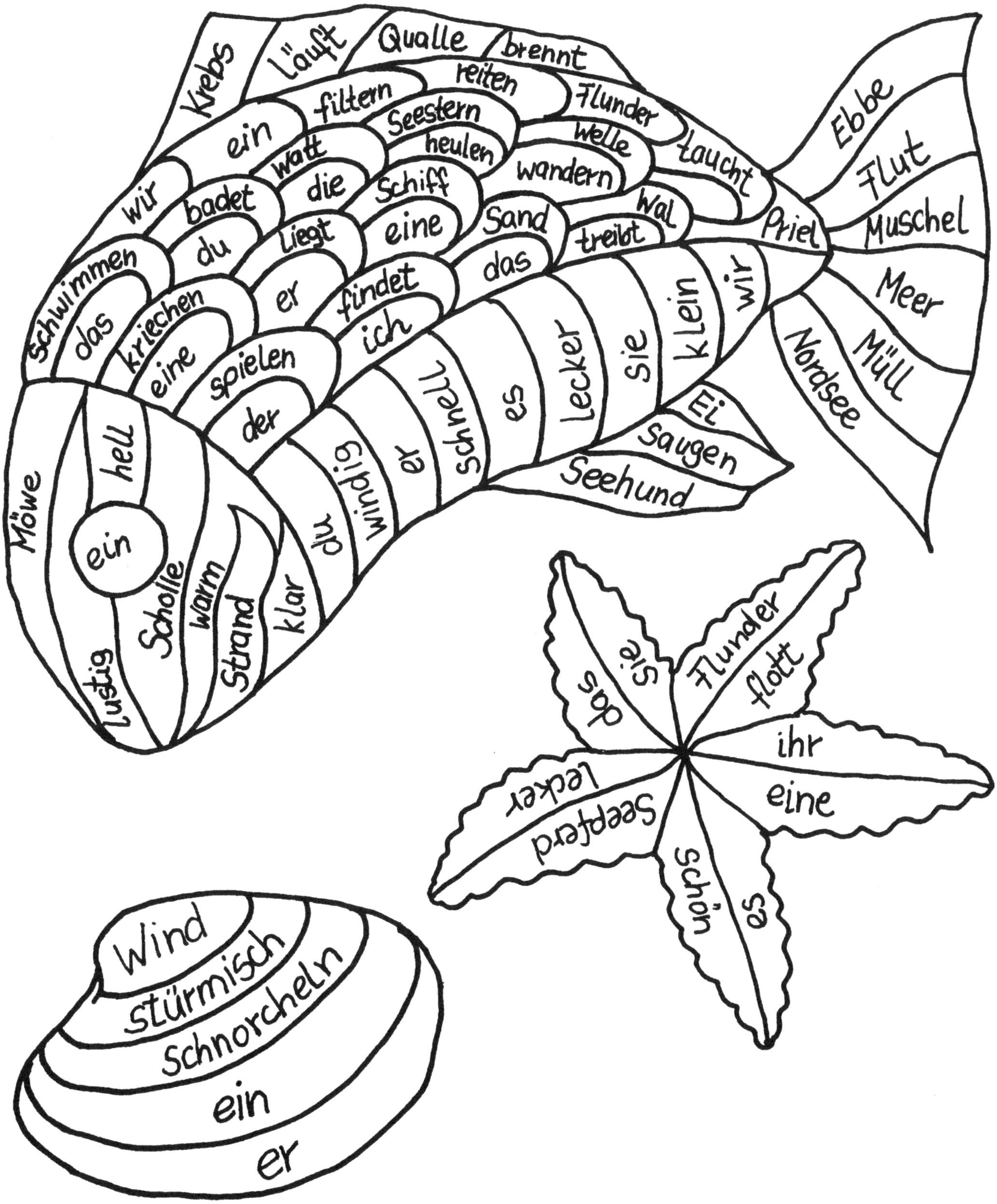

Tiere im Watt

Das Wattenmeer der Nordsee ist einzigartig auf der ganzen Welt.
Betrachte die Abbildung genau.
Kannst du den Nummern von 1 - 10 die passenden Begriffe zuordnen?
Trage auch die Lösungsbuchstaben ein. In der richtigen Reihenfolge ergeben sie ein Lösungswort.

Pfeffermuschel (K) - Sandklaffmuschel (E) - Silbermöwe (L) - Strandkrabbe (O) - Wattwurm (M) - Garnele (Q) - Miesmuschel (U) - Schlickkrebs (A) - Herzmuschel (L) - Scholle (P) - Strandschnecke (A)

1. ______ ☐
2. ______ ☐
3. ______ ☐
4. ______ ☐
5. ______ ☐
6. ______ ☐
7. ______ ☐
8. ______ ☐
9. ______ ☐
10. ______ ☐
11. ______ ☐

Karlchen findet eine _ _ _ _ _ ß _ _ _ _ _ _ .

Ebbe und Flut

Lies den Text und überlege, in welche Lücke die Begriffe gehören.

sinkt - steigt - Gezeiten - zurück - Niedrigwasser - Tiefs - Prielen - trocken - Küste - überflutet - Hochwasser - 6 Stunden und 12 Minuten - Ebbe - Flut

An der Nordsee gibt es ________________, das bedeutet, dass der

Meeresspiegel zweimal am Tag ____________ und ________________.

Die Gezeiten heißen ______________ und ________________.

Bei Ebbe strömt das Wasser von der Küste ______________ ins Meer.

Bei tiefster Ebbe herrscht _________________________. Das Watt

liegt nun _______________. Nur in den _____________

und ___________ ist dann noch Wasser. Hier schwimmen noch

Fische und fahren Schiffe. Bei Flut strömt das Wasser auf die

_______________ zu. Das Watt wird nun vom Meer _________-

_______________. Nun ist ______________________________.

Jede Gezeit dauert _____________________________________.

Betrachte die beiden Abbildungen und male das Wasser blau an.
Auf welchem Bild herrscht Hochwasser, auf welchem Niedrigwasser?

____

____

Schriftliche Division mit Rest

Die 5 Seehunde an der Schutzstation fressen 482 kleine Fische am Tag.

4	8	2	:	5	=	96 R2
- 4	5					
	3	2				
	3	0				
		2				

2 3 7 : 5 =

4 3 7 8 : 4 =

4 4 7 7 : 7 =

3 7 8 7 5 : 8 =

1 7 7 7 8 : 8 =

7 3 6 9 8 : 4 =

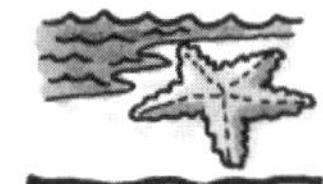

Gemischte Textaufgaben

Die 9 Teilnehmer von Karlchens Ferienfreizeit mussten für Unterkunft und Verpflegung insgesamt 6885 Euro bezahlen.

Frage: Wie viel muss jeder Teilnehmer bezahlen?

Rechnung:

Antwort: ______________________________

____

Der Walfisch Willibald lädt zu seiner Geburtstagsparty 8 Gäste ein. Er hat für seine Gäste 10592 Fischbrötchen bestellt.

Frage: Wie viele Fischbrötchen isst jeder Gast?

Rechnung:

Antwort: ______________________________

____

Der Fischhändler verkauft Miesmuscheln in Kisten. In jeder Kiste sind 234 Muscheln. Heute hat der Fischhändler schon 7 Kisten verkauft.

Frage: ______________________________

____

Rechnung:

Antwort: Der Fischhändler hat schon ______ Miesmuscheln verkauft.

An den Fahrten zu den Seehundsbänken nehmen am Samstag 13403 Leute und am Sonntag 24675 Leute teil.

Frage: ______________________________

____

Rechnung:

Antwort: Am Wochende fuhren ______ Leute zu den Seehundsbänken.

Gemischte Rechenaufgaben

Rechne die Aufgaben in der angegebenen Reihenfolge.
Verbinde die Punkte in der Reihenfolge der Ergebnisse.

①

	2	4	6	8	2	9
+	4	3	2	1	8	1
+	1	2	9	1	4	7

② 1758 · 17

+					

③

	9	8	9	8	9	8
-	7	9	8	6	0	9

④ 8448 : 6 =

⑤ 6356 : 7 =

⑥ 12418 · 8

⑦ 567 · 38

+					

⑧

	9	5	6	3	4	8
-		7	8	7	2	9
-	5	0	3	4	0	3

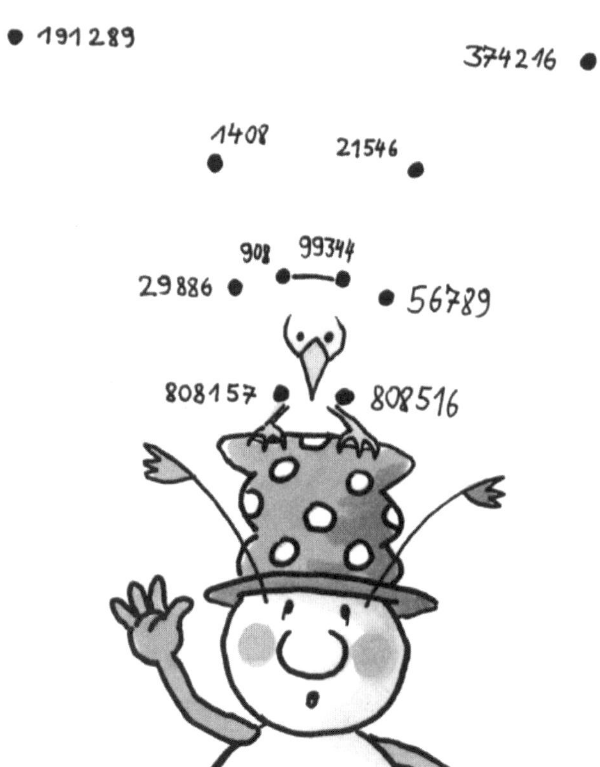

⑨ 227156 : 4 =

⑩

	2	1	8	5	4	3
+	4	0	0	2	0	7
+	1	8	9	7	6	6

Ölverschmutzung

Siehst du hinten am Horizont den Tanker, der Ölreste in die Nordsee abgelassen hat? Sofort wird im Wattenmeer SOS gefunkt. Alle Tiere sind in Alarmbereitschaft.
Verstehst du ihren Code? Male das Bild an.

E E E E E E E E E E E E E E E E E E E E E E E E E E E E E E E E E
U U U U U U A A A A A O O O O O O O I I I I I I I I I I I I I I I I